Sublimação

Yvonne A. Pereira

Sublimação

Pelos Espíritos
Léon Tolstoi e Charles

Copyright © 1973 *by*
FEDERAÇÃO ESPÍRITA BRASILEIRA – FEB

8ª edição – Impressão pequenas tiragens – 4/2025

ISBN 978-85-7328-808-7

Todos os direitos reservados. Nenhuma parte desta publicação pode ser reproduzida, armazenada ou transmitida, total ou parcialmente, por quaisquer métodos ou processos, sem autorização do detentor do *copyright*.

FEDERAÇÃO ESPÍRITA BRASILEIRA – FEB
SGAN 603 – Conjunto F – Avenida L2 Norte
70830-160 – Brasília (DF) – Brasil
www.febeditora.com.br
editorial@febnet.org.br
+55 61 2101 6161

Pedidos de livros à FEB
Comercial
Tel.: (61) 2101 6161 – comercial@febnet.org.br

Adquirindo esta obra, você está colaborando com as ações de assistência e promoção social da FEB e com o Movimento Espírita na divulgação do Evangelho de Jesus à luz do Espiritismo.

Dados Internacionais de Catalogação na Publicação (CIP)
(Federação Espírita Brasileira – Biblioteca de Obras Raras)

T654s	Tolstoi, Léon (Espírito)
	Sublimação / pelos Espíritos Léon Tolstoi e Charles; [psicografado por] Yvonne do Amaral Pereira. – 8. ed. – Impressão pequenas tiragens – Brasília: FEB, 2025.
	240 p.; 23 cm – (Coleção Yvonne A. Pereira)
	Inclui referências
	ISBN 978-85-7328-808-7
	1. Romance espírita. 2. Obras psicografadas. I. Charles (Espírito). II. Pereira, Yvonne do Amaral, 1900–1984. III. Federação Espírita Brasileira. IV. Título. V. Coleção.
	CDD 133.93
	CDU 133.7
	CDE 80.02.00

Sumário

Prefácio 7
Apresentação 9

1 Obsessão 11
2 Amor imortal 29
3 Destinos sublimes 67
4 Karla Alexeievna 97
5 Evolução 129
6 Nina 147

Conclusão 225
Referências 235

Prefácio

Este livro não é, propriamente, novo. Parte dele, ou seja, os contos de autoria do Espírito Léon Tolstoi, têm precisamente dez anos. Os dois últimos capítulos, assinados pela entidade Charles, têm, aproximadamente, trinta anos. Se me perguntarem por que ficaram tanto tempo assim guardados, eu não saberei responder. É de crer, porém, que a benevolência de seus autores espirituais aproveitassem minhas forças para obras mais difíceis e deixassem estas, mais leves, já esboçadas, para a parte final da minha jornada psicográfica literária. De qualquer forma, aí está *SUBLIMAÇÃO*. Sinto-me feliz em entregá-lo ao leitor, pois as emoções grandiosas que me proporcionaram as visões que me foi dado contemplar durante a sua recepção, e a convivência diária com as duas amadas entidades que a ditaram são o que de mais grato eu poderia sentir e conhecer no desempenho da tarefa mediúnica.

Que o leitor o aceite, como produto amoroso de dois grandes trabalhadores da seara espírita: Léon Tolstoi e Charles.

YVONNE A. PEREIRA
Rio de Janeiro (RJ), 18 de maio de 1973.

Apresentação

Há muitos anos, antes de abandonar à Terra os meus despojos carnais, prometi a Deus e a mim próprio escrever alguma coisa que combatesse o suicídio. Não me foi, no entanto, possível o cumprimento da promessa, até agora, visto que me escapavam argumentos e possibilidades com que demonstrasse a lógica do mal que ele, o suicídio, representa para a humanidade. Muitas vezes afligi-me com a notícia de que uma e outra, e outras mulheres, arrebatadas pela paixão do amor humano, haviam imitado o gesto de certa heroína famosa de um dos meus romances,[1] dando-se à tragédia de um suicídio, nela inspiradas. Em mais de um livro que escrevi, então, pintei o suicídio de seus heróis, deixando, porém, de apresentar o conceito moral, a consequência aterradora de tal gesto na vida do Além, para aquele que o pratica na Terra. Se os infratores se inspiravam nas estórias por mim contadas, sempre muito lidas e acatadas, sentia-me culpado, causador daquela desgraça, e cheguei mesmo a lamentar a inspiração que me levou a encerrar dramas íntimos e sociais com suicídios tão impressionantes como os que criei para as minhas personagens. Penitencio-me da falta ante Deus e os leitores, declarando que tudo venho tentando a fim de repará-la.

Depois de longo tempo de uma expectativa paciente, consegui meios de iniciar a tentativa para o cumprimento da promessa feita, pelo menos no que tange à literatura. Se minha mente, engendrando suicídios literários que modelaram outros suicídios, envolveu-me nessa faixa atormentada, hoje, superando o desequilíbrio daí provindo, tentarei

---

[1] N.E.: Anna Karenina.

reconfortar corações frágeis, vacilantes nas horas difíceis das provações, assim afastando-os do pavoroso abismo.

Que Deus abençoe as almas boas que me ajudam a retirar da consciência o peso de um remorso que comprometeu a minha paz.

Léon Tolstoi
Rio de Janeiro (RJ), 13 de junho de 1973.

1

OBSESSÃO

LÉON TOLSTOI

[...] A observação demonstra que, no instante da morte, o desprendimento do perispírito não se completa subitamente; que, ao contrário, se opera gradualmente e com uma lentidão muito variável conforme os indivíduos. [...] Essas observações ainda provam que a afinidade, persistente entre a alma e o corpo, em certos indivíduos, é, às vezes, muito penosa, porquanto o Espírito pode experimentar o horror da decomposição. [...]²

Katia Andreevna tomou o papel das mãos da servente, que lho fornecera por bondade, às ocultas da direção da casa. Agradeceu docemente, com um "Deus lhe recompense, mãezinha!", proferido num murmúrio, e pôs-se a escrever uma carta para sua amiga Aglaida Petrovna, esposa de um entendido em coisas relativas a Espíritos e ao outro mundo, isto é, ao mundo das almas.

---
² KARDEC, Allan. *O livro dos espíritos*. Parte Segunda, cap. III, q. 155.

A história passou-se numa herdade dos arredores de Smolensky, não longe de Moscou, creio que pelo ano de 1907, mas a carta foi escrita do quarto particular nº 6 de um hospital de alienados de Moscou.

Eis a carta:

"Minha querida amiga Aglaida Petrovna:

Parece incrível que, depois de tantos dissabores suportados, de confusões e expectação, meus verdugos (a minha família, se preferes) viessem a me enclausurar num quarto, o mesmo de onde escrevo, com uma única janela e esta mesma gradeada com varais de ferro batido, como janela de presídios. O ar aqui é úmido, pesado, cheirando a barro mofado, como todo local não visitado pelo ar puro do campo ou saneado pelos raios protetores do sol. Tirito de frio neste cubículo escuro e opressivo, meus dentes se entrechocam, não sei se de frio ou nervosismo, por me sentir tão só; meus dedos, endurecidos, mal têm agilidade para movimentar a pena e escrever, e daqui nem vejo o horizonte azul, senão estreita nesga pardacenta da atmosfera, onde não transita a viração perfumada de nenhum prado florido nem os bandos festivos das andorinhas bulhentas, se bem que a primavera já caminhe pela metade do seu giro. E nem mesmo me consolam a solidão das horas, o rumor dos camponeses no labor das *deciatines*[3] cultivadas, sequer o balir das ovelhas ou o mugir do gado, e tampouco o ladrar dos cães vigias, o grasnar dos gansos bravos e o riso saudável da criançada de nossa aldeia, durante as correrias folgazãs.

Tudo isso, Aglaida Petrovna, minha amiga, foi agora substituído pelo grito alucinado dos meus companheiros de infortúnio, pelo gargalhar dos histéricos aglomerados no pátio de recreio, pelas blasfêmias dos furiosos que enlouqueceram mesmo, com efeito, depois de tantos sofrimentos incompreendidos, de tanta violência e incongruência dos tratamentos aplicados a título de recuperação, e quando já não mais puderam

---

[3] N.E.: Medida agrária russa, correspondendo a 5,121 ou 6,821 metros quadrados, de acordo com as localidades.

resistir ao desgosto de se verem assim relegados do próprio lar, feridos pela saudade daqueles a quem mais amavam e que tão ingratos foram ao atirá-los a este local sinistro, em que se reconheceram sepultados vivos antes de enlouquecerem... porque, minha amiga, aqui dentro foi que eles realmente enlouqueceram: ao aqui aportarem eram apenas atacados por causas incomuns, que os senhores doutores psiquiatras ainda não conseguiram compreender, para debelar...

Não sei, Aglaida Petrovna, minha amiga, se algum dia tentaste compreender o que seja, na realidade, um hospício de alienados. Mas, estou autorizada a revelar-te que um hospício é a extensão de um inferno mitológico, que nem mesmo a imaginação ardente dos nossos prestimosos *popes*[4] chega a idear. É, decerto, a filial, senão a casa-máter, daquele inferno que os réprobos do outro mundo andaram criando com a fantasmagoria dos próprios pensamentos prostituídos pelos sete pecados mortais, praticados durante a vida. O que sei é que deixei de transitar por estes corredores imensos, pelas galerias e os pátios para não mais cruzar caminhos com esses fantasmas alados que, junto de nós, os considerados doentes mentais, transitam por todos os cantos deste hospício: uns, em gritos alarmantes, como de réprobos, fazendo com que também gritemos, pelo terror que suas ameaças odiosas nos comunicam; outros, desesperados e enraivecidos, vingadores diante das visões das maldades que sofreram no passado, induzindo-nos também a fúrias insopitáveis, pelas revoltas que suas proezas nos despertam, e ainda outros, tão sofredores, feios e repulsivos, com seus olhares afogueados, suas vestes negras e rotas, seus mantos longos quais sudários assombradores, que a loucura chega também a nós e nos pomos a gargalhar de horror e de terror, sem atinarmos por que nos rimos, quando tanto sofremos, sem podermos parar de rir, quando nosso desejo seria antes chorar, tal como se nossos nervos, nossa mente, nossas forças vibratórias psíquicas todas se contaminassem de um vírus desconhecido da humanidade, vírus psíquico que, sem afetar nosso sistema orgânico animal, arruína, não obstante, todo o nosso sistema de vibrações nervosas

---

[4] N.E.: Sacerdote da religião cristã ortodoxa russa.

e irradiações cerebrais, reduzindo-nos à anormalidade a que, por vezes, nos sentimos constrangidos. Às vezes, minha querida Aglaida Petrovna, ponho-me a indagar de mim mesma, durante as singulares conversações que, ultimamente, venho mantendo com individualidades aladas,[5] desconhecidas, que me visitam, infundindo-me coragem e esperanças em dias melhores, indago quem serão os verdadeiros loucos: nós, que aqui estamos aprisionados, ou aqueles que levantaram este edifício tenebroso, sem solicitar a intervenção celeste para nos curar, visto que eles mesmos se confessam incapazes de o fazer?

Não sou louca, estou bem certa disso. Os loucos não pensam, e eu penso e reflito profundamente. Não recordam, ao passo que eu recordo até os brinquedos da minha infância, até mesmo as ingratidões com que os falsos amigos me retribuíram o bem que lhes fiz. Os loucos também não amam, enquanto eu sinto o coração estuante de santas emoções e saudades muito doloridas, à invocação do meu Theodor Theodorovitch. Em mim, o que se processa, segundo afirmam as individualidades aladas que, ultimamente, bondosamente me visitam, é um acontecimento estranho e belo, apesar de também dramático, o qual julgo desconhecido da maioria dos homens, pois jamais ouvi falar dele antes. Vejo aqueles que já morreram, Aglaida Petrovna, minha amiga! Sim, vejo-os, falo-lhes, rio-me com alguns, convivo com muitos, nossa conversação é normal, embora não agradável, conforme o caráter do interlocutor, mas ninguém acredita que eu o possa, realmente, fazer e declaram-me louca. Internaram-me nesta cela justamente por esse motivo, não obstante eu saber que não sou, absolutamente, louca, como me supõem. Mas prevejo que enlouquecerei de indignação, de desconforto e assombramento se aqui me retiverem sem providenciarem meios legítimos para a minha cura. Porque, Aglaida Petrovna, minha amiga, essas drogas que me dão a ingerir, essas pílulas, esses pós, essas tisanas e esses choques somente conseguem deprimir ainda mais o meu organismo e excitar minhas íntimas revoltas, aprofundando a preocupação que o sucedido a Theodor Theodorovitch

---

[5] N.E.: Guias espirituais.

me vem causando, acontecimento que não compreendo, que me alarma, me confunde até o excesso da perplexidade. Eu quisera antes a prece compreensiva do amor, o consolo santo de uma invocação ao Criador em prol do que sucede a mim e a Theodor, pois reflito que, se tantos luminares da Ciência me não podem curar do que sinto será porque não sou doente, apenas me debato entre forças desconhecidas dos homens, conforme fui informada pelos meus bondosos visitantes alados, forças que somente Deus estará à altura de dominar para solucionar.

Não sei se sabes como e por que vim parar aqui. Tudo aconteceu alguns dias depois do desastre ocorrido com o meu Theodor Theodorovitch.

Abalada pelo fato de sua inesperada suposta morte, durante uma caçada ao urso, como sabes, quando fora ferido no peito por um tiro de carabina, passei aqueles primeiros dias em crises de desespero que me desorganizaram, completamente, o sistema de vibrações nervosas, como dizem os meus médicos daqui. Não dormia, não comia, e esquecia as orações a Deus para as tentativas da conformidade com a situação. No fim de trinta dias, mais ou menos, já exausta de sofrer, consegui adormecer pela noite adentro. Mas, passado algum tempo, talvez meia hora, talvez uma, não sei bem, despertei em sobressalto, ouvindo os gritos de Theodor Theodorovitch, chamando-me:

— Katia Andreevna, Katienka, minha querida, socorre-me! Eles sepultaram-me vivo, supondo-me morto, quando estava apenas desmaiado! Salva-me, Katienka, a mim, teu prometido esposo, teu paizinho tão querido! Estou debaixo da terra, Katienka, preso numa cova do cemitério, sem poder sair!...

Levantei-me do leito em pânico, mas também louca de alegria, compreendendo que meu noivo tão amado estava vivo. E, sob o impulso desse alarma, precipitei-me para fora do quarto, vesti-me às pressas, para não perder tempo, mas respondendo a Theodor, que continuava bradando por mim:

— Theodor Theodorovitch, já irei salvar-te, meu amor querido, meu esposo, meu paizinho! Sim, vejo-te, reconheço-te, sei que estás vivo, ouço o que me dizes, não morreste, não, e irei libertar-te da tua cova...

E chamava a *mamienka*, o *batiuchka*,[6] para que me trouxessem uma picareta, uma enxada e uma pá e me acompanhassem ao cemitério, porque Theodor estava vivo, chamava-me e eu devia socorrê-lo antes que a asfixia o envolvesse todo, causando-lhe a morte.

Com os meus gritos, despertaram todos os de casa e estabeleceu-se indescritível conflito. Seguraram-me, detiveram-me a força, não me permitindo vestir-me decentemente, calçar as botas para tocar para o cemitério, pois era madrugada e as últimas neves do ano caíam, branquejando as ruas da aldeia.

Debati-me furiosamente, repelindo a opressão daqueles que não passavam de desalmados assassinos, que sepultaram vivo o meu Theodor e agora me impediam de correr a libertá-lo. Mas todos conjugaram forças contra mim, não me acreditaram ou fingiam não acreditar, quando eu lhes pedia que silenciassem um 'poucochinho' para também ouvirem os gritos de Theodor pedindo socorro. A *mamacha*[7] chorava, ajoelhada diante do seu "ícone",[8] repetindo em curvaturas fervorosas:

Senhor, meu Jesus Cristo, filho de Deus, redentor nosso, salvai a minha filhinha querida da loucura, a pobrezinha sofre pela morte inesperada do noivo do seu coração, a quem tanto queria. Salvai-a, salvai-a, Senhor! E prometo dar-vos duas velas de cera, de um metro cada uma, sendo uma por ela, e outra por mim mesma![9]

---

[6] N.E.: *Mamienka*: mãezinha. Termo afetuoso, com o qual se tratava a esposa do *pope*, mas também usado entre o povo. *Batiuchka*: paizinho. Termo com que se tratava o *pope*, mas também comumente usado. Quando se trata do próprio pai, o verdadeiro diminutivo é *Papotchka*. Era ainda usado o termo *matushka*, que igualmente traduz mãezinha.

[7] N.E.: Mamãe.

[8] N.E.: Imagem de santo, pintada, que se conserva, de preferência, em um nicho.

[9] N.E.: Antiga superstição do misticismo ortodoxo, que o raciocínio repele como inútil para o culto a Deus e à fé.

Meu pai correra para a rua dizendo que eu delirava e era preciso encontrar o doutor, apesar de ser madrugada, enquanto Illia e Yakov, torcendo meus braços para trás, mantinham-me segura pelas mãos, forçando-me a uma imobilidade dolorosa.

Mas, na tarde seguinte, burlei a vigilância que me impunham e consegui sair.

Levei a enxada, a picareta e a pá, eu mesma atrelei o trenó ao cavalo branco, que é mais manso do que o cavalo baio, e guiei-o facilmente, coisas que nunca fizera antes.

Ao chegar ao cemitério, fui correndo à cova ainda fresca de Theodor Theodorovitch, cansada do trajeto e tremendo de aflição. Lá estava ele, saindo a meio corpo da sua cova, sem se poder erguer e livrar-se do montão de terra e pedras que o oprimia. Seus olhos estavam desvairados, abatidos, sua boca aberta como esforçando-se por aspirar o ar, sem consegui-lo, suas mãos crispavam-se, agarrando-se aos rebordos da cova, e as faces eram tão brancas e esquálidas que antes pareciam as faces de um fantasma.

— Socorre-me, Katienka, salva-me! Sufoco, abafo debaixo desta terra! Estou vivo, minha querida, e sou teu, não me reconheces mais? Eles me supuseram morto e me enterraram vivo!...

Não trepidei. Era preciso mostrar-lhe que o reconhecia e continuava amando-o. Comecei a cavar a fim de libertá-lo, louca de alegria por encontrá-lo vivo, e, para acalmá-lo e infundir-lhe ânimo, enquanto retirava a terra, punha-me a falar-lhe, naquele momento decisivo para nossas vidas, com o nosso fraseado habitual:

— Estou aqui, Theodor Theodorovitch, meu noivo que Deus me deu, meu santo esposo querido, e já te libertarei depressa, esteja descansado... Mais um momentinho só, doçura da minha vida, meu paizinho, enquanto retiro esta terra com a enxada e a pá que eu trouxe... e voltarás comigo para casa, a tratarmos das nossas bodas, pois a primavera vem chegando e estava combinado que nos casaríamos justamente agora... Coragem, coragem, meu Theodor Theodorovitch...

Mas não consegui desenterrá-lo porque chegaram meus algozes, ou seja, a *mamienka*, o *batiuchka*, Illia, Yakov, os vizinhos e até o nosso *pope*, que é muito prestimoso para o bem do próximo, mas que, dessa vez, me prejudicou.

Eles agarraram-me, amarraram-me com umas cordas e me levaram para casa numa horrível carroça, ao passo que eu gritava desesperadamente, pedindo que me deixassem salvar Theodor Theodorovitch, que sufocava debaixo da terra.

Mas não me atenderam. Eu tampouco desanimei, Aglaida Petrovna, minha amiga, porque o meu amor é forte como o vento das tempestades, invencível como o oceano, e não poderei deixar de atender aos brados do meu Theodor, que continua vivo e está sofrendo.

Há dias (não sei quantos dias, às vezes sinto-me um tanto esquecida das coisas, devido à angústia e à aflição que me torturam), mas, há dias, como vês, cessou a neve e eu percebi que ela cessara. A primavera chegara finalmente. A voz do meu amado continuava chamando-me, aflita, desesperada. Havia muitas noites que eu não dormia e me sentia consumida. Mas, mesmo assim, sem dormir, parecia que eu sonhava... e então ia à beira da sepultura de Theodor, visitá-lo, via-o desesperado e ouvia que dizia, desfeito em pranto:

— Vê, Katienka, minha mãezinha, sucedeu-me uma desgraça! Estou vivo e estou morto, ao mesmo tempo! Soçobrei num pesadelo que me agarra como os tentáculos de um polvo a um ser humano, impedindo-me de raciocinar. Vejo-me dividido em dois: um sob a terra; o outro, tanto sob a terra como acima da terra... Um está vivo e o outro está morto... Não compreendo nada... Algum inimigo desalmado andou praticando bruxarias contra mim... Quem sabe foi o Nikolai Prokofitch, que gostava de ti? Ou quem sabe foi o Yvan Semione, que andou cobiçando o meu cavalo de corrida? Sim, enlouqueci de desespero, sem nada entender do que me aconteceu. Estou absorvido por uma demência que nem no inferno existe. Socorre-me, Katia Andreevna, se é verdade que me amas... Chama os meus irmãos, os meus amigos de cavalaria, os vizinhos, a polícia... Liberta-me deste pesadelo inexplicável...

Sonhava. E tanto sonhava assim que há dias saí, resolvida a tudo.

Fazia sol e percebi que o céu estava azul e diáfano, que as árvores engalanavam-se de folhagens novas; a neve, desfazendo-se, gotejava das cornijas das casas e dos galhos dos pinheiros, formando ribeirinhos lucilantes pelo chão, à luz fluida do sol, enquanto os passarinhos, irrequietos, saudavam a nova estação do ano desferindo seus alegres gorjeios.

Era a primavera voltando... E meu casamento com Theodor Theodorovitch deveria realizar-se agora, nessa primeira semana festiva.

Quando cheguei ao cemitério, as andorinhas saudaram-me com seus tumultuosos alaridos, escondidas entre os braços dos ciprestes, e eu compreendi que elas, solidárias comigo, cantavam para me alegrar, dizendo assim:

Lá vem Katienka,

Noiva feliz,

Buscar o marido

Que Deus lhe vai dar,

Para com ele casar...

É Theodor Theodorovitch,

Altivo e garboso

Capitão de cossacos,

Destro e valente,

Louro e bonito,

Corado e risonho,

O melhor cavaleiro

Do Don, de Tula e do Volga...

Katia e Theodor

Vão se casar

No tempo das flores,

Do riso e das festas...

Sejam felizes,

Katia e Theodor,

Mulher e marido,

Marido e mulher

Que Deus abençoa.

Sejam ditosos...

Que o Céu abençoe

Sua vida e seu lar...

Meu santo esposo, que Deus me ia dar, chorava inconsolável, coitadinho, sentado sobre o montão de terra e pedras da própria cova, com as mãos tapando o rosto, como um pobrezinho sem pão nem família, já sem forças para gritar e falar, queixando-se de sono e fadiga.

Chamei-o:

— Theodor Theodorovitch, meu santo amor, vamo-nos, vim buscar-te, é tempo das nossas bodas, prometeste casar comigo, agora, na primavera... Não ouves a saudação das andorinhas?...

Mas, inexplicavelmente, meu santo amor que Deus me deu replicou:

— Não, Katia Andreevna, mãezinha adorada, não posso ir contigo, não vês também? Não me posso desgarrar daqui... Estou atado ao 'outro', ao 'outro eu mesmo' que aqui está, sufocado e miserável, e não me despego dele... Que fazer, Katia Andreevna, minha querida, que fazer? Não posso me ir casar contigo...

Pus-me, então, a cavar como da outra vez, a cavar, a cavar, a cavar para também ver o que se passava debaixo da terra, e que eu não compreendia o que poderia ser, e assim libertar Theodor. Mas, de súbito, veio correndo o coveiro do cemitério, com uns modos brutos e assustados, para me atrapalhar:

— Que fazes aí, Katia Andreevna? Estás louca, menina inconformada com a sorte?! Não podes fazer isso! Dá-me essa enxada! Onde a encontraste?

— Esta enxada é minha e eu não quero dar-ta! Preciso socorrer o santo esposo que Deus me quer dar... Ele está vivo...

Discutimos. Pedi-lhe que me ajudasse, em vez de me insultar com aquele palavreado, pois eu precisava libertar Theodor Theodorovitch, que estava ali, chorando, mas que também estava atado, lá embaixo, no 'outro ele mesmo', conforme me explicava...

Riu-se de mim, o desalmado coveiro, e respondeu que Theodor Theodorovitch estava era morto e bem morto, e agora só precisava era de rezas e missas para se salvar do inferno, e não de enxadas e picaretas, porque nem enxadas nem picaretas seriam capazes de fazê-lo tornar à vida ou libertá-lo das garras dos próprios pecados...

Revoltei-me contra o insulto:

— Vai-te daqui, satanás, sai de perto de mim! Vai-te para o inferno, onde é o teu lugar, e deixa-me em paz para cumprir o meu dever de esposa! — respondi eu. E chamei-o assassino e infame, caluniador e pérfido, e atirei-lhe pedras para que se afastasse. Respondeu que chamaria a polícia, se eu continuasse com aquela brincadeira de desenterrar meu noivo, pois eu estava era demente, endemoninhada, era uma herética, que profanava sepulturas.

Então, Aglaida Petrovna, minha amiga, uma nuvem rubra de sangue perpassou pelos meus sentidos, ofuscando-me a razão. Odiei aquele guarda com todas as fúrias do meu coração exasperado. Avancei para ele repentinamente e bati-lhe na cabeça com a enxada, várias vezes. Ele caiu e o sangue jorrou da sua fronte ferida, o sangue mau dos insultos que me atirou. Pus-me a gritar desesperada, estarrecida diante do que fizera, sem saber ao certo por que o fizera, e saí correndo. Mas já entravam muitas pessoas no cemitério, atraídas pelos meus gritos. Chegavam a *mamienka*, o *batiuchka*, Illia, Yakov, os vizinhos, e outra vez o *pope* e mais dois *mujiks*,[10] que eu não conhecia, nem sequer sabia os seus nomes. Quiseram pegar-me, mas eu corria deles por entre as sepulturas e me livrava. O que todos eles queriam era a desgraça de Theodor Theodorovitch e a minha desgraça. E somente conseguiram apanhar-me porque tropecei num montão de pedras e me despenhei no chão, estatelada. Amarraram-me, então, novamente, com as mesmas cordas, e puseram-me numa caleça fechada. Os *mujiks*, dois homens fortes e fedorentos, iam dentro comigo, vigiando-me não sei por quê, pois eu continuava amarrada com as cordas e nada poderia tentar contra eles ou contra ninguém. Mas o *batiuchka* seguia montado no cavalo baio, acompanhando a caleça. Illia e Yakov iam nas mulas deles e o *pope* na boleia com o cocheiro. É muito humilde e serviçal o nosso *pope*, não tem orgulho nenhum, sujeita-se a tudo para os serviços de Deus, que são os serviços da caridade. De vez em quando o *batiuchka* chegava a cabeça à janelinha da caleça, olhava para dentro e gritava para os dois 'mujiks', chorando:

— Como está ela agora, sossegou? Não lhe façam mal, paizinhos, pelas sete chagas[11] de Cristo, eu lhes peço!

E eu via que ele chorava muito. Falava chorando.

Viajei durante muitas horas, não sei para onde, pois eu estava deitada no chão da caleça, em cima de uns cobertores velhos. E, finalmente, cheguei aqui, nesta horrível casa. Pelos modos, isto aqui é um hospício, pois pensam todos que estou louca. Mas, Aglaida Petrovna, minha amiga, juro-te pelo amor do meu Theodor Theodorovitch que não estou louca. Tudo quanto aqui relato é a expressão da verdade. O que se passa é que me aflijo com a desgraça que contemplo: Theodor está vivo, chama-me, fala-me, pede-me socorro, eu vejo-o, entendo-o, ele sofre, está alucinado, morto e vivo ao mesmo tempo, sepultado e não sepultado, mas não posso socorrê-lo, não sei mesmo o que fazer, aqui internada, fechada nesta cela, ouvindo ainda e sempre as suas impressionantes súplicas:

---

[10] N.E.: Camponeses russos.
[11] N.E.: As chagas das mãos, dos pés, dos joelhos e do lado.

— Salva-me, Katia Andreevna, mãezinha querida! Eles julgaram-me morto, sepultaram-me, mas eu estou vivo e não posso despegar-me do 'outro eu mesmo', que está debaixo da terra...

Tu, porém, Aglaida, que és esposa de um sábio, que tanto entendes os loucos e conheces os mistérios da vida e da morte; tu, que és boa e compassiva, e tão bem sabes falar com os verdadeiros loucos (eu não sou louca) e amansá-los, faze algo por mim, que estou sofrendo, e por Theodor Theodorovitch, que sofre ainda mais. Participa às autoridades policiais que me constrangem a viver num hospício sem que eu seja louca. Vai ao cemitério, leva a minha enxada e a minha picareta e liberta o esposo que Deus me quer dar da bruxaria que fizeram para ele. Faze-o, Aglaida Petrovna, eu to suplico pelo amor do Filho de Deus, que morreu por nós. E aceita as bênçãos agradecidas do coração da tua amiga.

KATIA ANDREEVNA (KATIENKA)."

* * *

Três semanas depois, Katienka recebia a resposta dessa carta. A mesma serviçal amiga, do hospital, compadecida com a história da pobre jovem, que perdera o noivo num acidente de caçada ao urso, mas supunha-o enterrado vivo, expedira a primeira carta à destinatária e agora prestava-se de intermediária para a resposta. E Katienka, tomando a carta das mãos da serviçal, leu o seguinte:

"Minha querida Katia Andreevna:

A alma humana é imortal, minha amiga, e por isso o teu Theodor Theodorovitch continuará a viver a vida sublime do Espírito, sem jamais se aniquilar na absorção do nada. Seu corpo de argila, cálcio, ferro, hidrogênio etc., esse sim, retornou ao seio da terra, de onde se derivou. O que se passa, Katienka Andreevna, minha amiga, e que tanto te confunde e desorienta, é que nem sempre a alma das criaturas está

Sublimação

preparada para a chocante renovação que a morte do corpo de argila a ela impõe, e por isso se detém na perplexidade em que o santo esposo que Deus te queria dar se deteve. Ele era um homem do mundo, rude capitão de cavalaria cossaca, materialista, esquecido das coisas de Deus, sem aspirações divinas, sem fé nem caridade, e morreu violentamente, fatos que perturbam profundamente uma alma após o seu escapamento do corpo de argila, tornando-a atordoada, sem reconhecer onde e como se encontra. Mas isso é uma crise passageira na história de uma alma que regressa à imortalidade, minha amiga, crise que a sucessão dos dias corrigirá e que a própria realidade do fato explicará ao recém-falecido. Possuo, com efeito, aquele 'dom espiritual' de falar com a alma dos que já morreram e me entender amistosamente com elas, dom do qual os *Atos dos apóstolos* dão notícias, e consegui falar mui serenamente com a alma do teu Theodor Theodorovitch.

Ao receber tua carta, visitei o seu próprio túmulo, conforme sugeriste. Mas, em vez de usar uma enxada e uma picareta, a fim de socorrê-lo, libertei-o da incompreensão em que se asfixiava, com orações a Deus em sua intenção, falando-lhe, outrossim, de coração franco e amoroso sobre o que se passava com ele. Disse-lhe que, sim, morrera o seu corpo de barro e limo, mas a alma não morrera porque é imortal, e apenas se sentia mental e sugestivamente preso a esse corpo a que se habituara durante a existência, mantendo-se confuso num período de transição, fato natural no decurso do importante acontecimento. Que, ao contrário do que ele supunha, em vez de jungido ao fétido de uma sepultura, ele poderia, agora, evoluir em aquisições superiores, singrar os Espaços e percorrer o Infinito, porque já liberto das cadeias de um aprisionamento carnal, bastando, para tanto, renovações mentais em si próprio e também reeducação do sentimento, afinando-o antes com o diapasão do respeito a Deus e não continuando submerso na treva de preconceitos prejudiciais. Theodor refletiu sobre minhas exposições, compreendeu os fatos, que antes lhe sabiam a bruxaria, despertou do pesadelo da mente aparvalhada pelo trauma da morte violenta, libertou-se da perplexidade, aceitou o acontecimento da sua morte corporal inesperada, resignando-se ao inevitável, aceitou, outrossim, o ingresso no mundo dos Espíritos — nossa verdadeira pátria —, riu-se da própria ignorância e acabou por se confessar encantado com a certeza, que agora tem, de que possui individualidade imortal como o próprio Espírito divino.[12]

Quanto a ti, Katia, minha amiga, será bom que saibas que também possuis o 'dom espiritual' de ver os mortos e com eles falar, embora o ignorasses até agora, dom que, não se encontrando ainda devidamente estudado e cultivado na tua personalidade, desvia-se para certas anomalias incomodativas, chocando-te, nas presentes condições, ao explodir das capacidades da tua natureza psíquica, sob o imperativo de uma impressão forte. Mas também essa crise é passageira e depressa te reerguerás da anormalidade que sofres no momento, pois Theodor Theodorovitch, encaminhado para a situação normal da existência espiritual, não mais te perturbará com seus clamores e, futuramente, até poderá auxiliar-te a ser feliz no decurso da vida...

Procura, porém, repousar para te acalmares, sê passiva ao tratamento médico, pois teu sistema de vibrações nervosas foi abalado e necessitas desse tratamento. E, acima de tudo, volta-te para Deus por meio da oração humilde e confiante, recomendando-lhe a alma do teu noivo que, como muito bem lembrou o coveiro a quem agrediste, necessita é de votos compassivos e bênçãos de amor para se desvencilhar das lembranças dos maus hábitos adquiridos no estado humano, e poder elevar-se na conquista da vida eterna. Resigna-te ao imperativo da lei da Criação, pois não és a única pessoa neste mundo a ver morrer um ser amado, certa, porém, de que a morte realmente não existe em parte alguma, que tudo se transforma e evolui na ressurreição sempiterna, marchando sempre para a glória dos milênios... e dia virá em que reencontrarás o teu Theodor Theodorovitch e envolver-te-ás no seu amor, se não na presente vida ao menos em outras que o Eterno vos concederá, a ambos, por acréscimo

---

[12] Nota da médium: Para se doutrinar um Espírito desencarnado certamente não será necessário visitar o seu túmulo. Compreende-se que se trata, aqui, de expressão literária para embelezamento da peça. Não obstante, muitos desencarnados rondam os próprios despojos carnais por períodos variáveis, quando se poderá falar aos mesmos em quaisquer recintos.

de misericórdia, pois o ser humano deve ser digno e heroico diante dos fatos amargos da existência, porquanto a revolta é apanágio dos fracos e desequilibrados de raciocínio e de caráter.

Ao deixares esse hospital — porque hás de deixá-lo —, bendito refúgio onde te refazes dos abalos nervosos derivados das infiltrações nocivas da mente perturbada de Theodor sobre a tua mente passiva, procura amar novamente, a um outro noivo que Deus te há de dar... porque, minha querida Katienka Andreevna, o coração humano, criado para evoluir até integrar-se no coração divino, foi destinado a desdobrar-se infinitamente, nas funções sublimes do amor, e por isso jamais poderá renunciar à glória suprema de amar e ser amado...

Tua do coração

AGLAIDA PETROVNA"

2

AMOR IMORTAL

Léon Tolstoi

386. Podem dois seres, que se conheceram e estimaram, encontrar-se noutra existência corporal e reconhecer-se?

"Reconhecer-se, não. Podem, porém, sentir-se atraídos um para o outro. E, frequentemente, diversa não é a causa de íntimas ligações fundadas em sincera afeição. Um do outro dois seres se aproximam devido a circunstâncias aparentemente fortuitas, mas que na realidade resultam da atração de dois Espíritos, que se buscam reciprocamente por entre a multidão."[13]

---

[13] KARDEC, Allan. *O livro dos espíritos*. Parte Segunda, cap. VII, q. 386.

I

O final desta história, justamente à época em que me tornei obscuro figurante dela, foi pelo ano de 1920.[14]

Havia terminado a chamada Grande Guerra em 1918 e a Europa, senão propriamente o mundo, ainda se encontrava atordoada pela violência da tragédia que a ensanguentara durante quatro anos. Eu vivia na Inglaterra por essa época, tendo-me ali exilado, como muitos outros compatriotas meus, que a tempo compreenderam as surpresas que adviriam para a Rússia com um estado de guerra.

A doutora Natacha Anna Pavlovna, notável médica psicanalista, era outra exilada, voluntariamente, na Inglaterra, a qual, com o marido, também ilustre psicólogo analista, dava-se ao singular mister de pesquisar os planos supranormais da vida, ou seja, aprofundava-se nas pesquisas dos fatos autênticos de Além-túmulo. Ela estudara em Londres, conquistara nada menos de três diplomas de Universidade, e era considerada altamente capacitada pelos seus numerosos admiradores.

Anna Pavlovna nada ignorava sobre os assuntos do outro mundo. Conhecia as investigações do ilustre professor Myers e do não menos ilustre professor William Crookes; de Roberto Hare, do coronel De Rochas, do conselheiro Aksakof, do astrônomo Zöllner e do astrônomo Flammarion, e demais investigadores espiritistas que se esforçavam por mostrar ao mundo que a alma humana sobrevive à destruição do corpo, confirmando as alvíssaras que a França legara ao mundo com as exposições filosóficas do professor Rivail[15] sobre o mesmo assunto.

---

[14] Nota da médium: O leitor compreenderá que a presente informação nada mais é do que o estilo literário em que o autor espiritual deste conto desejou escrevê-lo. Léon Tolstoi nunca esteve exilado na Inglaterra e, pelo ano de 1920, já era desencarnado, pois faleceu em 1910. Trata-se, pois, de técnica literária muito usada ao tempo do grande escritor.

[15] N.E.: Hippolyte Léon Denizard Rivail — Allan Kardec.

Sublimação

Fui visitá-la em certo dia do início da primavera daquele ano, ali pelas quatro horas da tarde, porque, pela manhã, eu recebera um mimoso cartão escrito por seu próprio punho, convidando-me a tomar o chá da tarde em sua companhia.

Conduzido até o seu escritório pela criada que me recebera, cumprimentei-a, ainda com o chapéu na mão (a criada não mo tomara), indeciso se continuaria a segurá-lo ou se o descansaria sobre a mesinha de prata que ficava ao lado da sua poltrona, fronteira à secretária sempre carregada de livros e papéis. Decidi-me, porém, e coloquei o chapéu em uma cadeira vizinha da minha. Em presença dessa bela mulher eu me perturbava muito, humilhado diante da sua singular beleza de madona, e ainda mais contrafeito diante do seu talento de feição varonil, que parecia zombar da minha esperança de um dia ultrapassá-lo.

Pensando nisso, lembrei-me de que meu chapéu fazia uma figura muito triste, descansado na cadeira em que eu o colocara. Retirei-o, pois, e, sem atinar com o que fazer com ele, coloquei-o sobre outra cadeira.

Ela sorriu, vendo-me corar atrapalhado com a indecisão do chapéu, tomou-o de cima da cadeira e colocou-o sobre a dita mesinha de prata, o que me fez corar ainda mais, e, com voz macia, muito educada, disse:

— Perdoe, Excelência. É que a nossa criada grave adoeceu e a substituta, uma escocesazinha tímida, ainda não aprendeu que deve tomar o chapéu e a bengala dos nossos convidados para guardá-los até que eles se retirem. Sente-se mais perto, por favor...

Sentei-me acanhadamente, unindo os joelhos, por me parecer que seria mais respeitoso se o fizesse, tal como o faria uma menina no seu primeiro contato com a sociedade, sem coragem para iniciar qualquer conversação, atordoado ao me reconhecer a sós, pela primeira vez, com essa bela Annutchka Pavlovna, de quem me sentia enamorado e a quem os mancebos da minha idade amavam pela sua espiritual beleza, sua graciosidade natural e o seu talento, não obstante os 40 anos que ela corajosamente confessava contar e a vigilância de um marido que, apesar de também ilustre, amava-a com ternura, cioso dos seus encantos.

— Recebi o seu recado, minha senhora — falei finalmente, perturbando-me com o som emocionado da minha própria voz e por isso tomando o chapéu da mesinha de prata para rodá-lo entre as mãos —, e tenho a honra de atendê-lo, considerando-me feliz por isso... — e entreguei-lhe um braçado de rosas que trouxera e que esquecera de entregar, deixando-o sobre outra poltrona, ao entrar.

— Mandei chamá-lo, Sr. conde — respondeu, aspirando as rosas —, porque obtive algo que talvez interesse ao seu bom gosto de colecionador de assuntos transcendentes, para análise comparada com a vida real e consequente literatura. Está em uso, presentemente, os homens ilustres se preocuparem com aparições supranormais, médiuns e demais fatos relacionados com a existência além da morte. E como Vossa Excelência está iniciando sua carreira literária e esses assuntos são sensacionais, resolvi falar-lhe a respeito, oferecendo-lhe, assim, um tema de alta categoria.

— Mas eu não sou um homem ilustre, minha senhora, e sim modesto observador, escritor à procura de originalidades, tentando vencer... — atalhei, mostrando desinteresse. Mas ela não respondeu e continuou:

— Sim, as almas do outro mundo e seus assuntos estão em moda... Sabe quem morreu, conde Filipe Filipovitch? — prosseguiu em tom abrupto, sem esperar a minha resposta, que, aliás, não poderia ser manifestada, porque eu não sabia de quem ela desejava tratar. — Sabe quem morreu? Foi Várvara Dimitrievna, aquela nossa compatriota exilada no Brasil, a excelente pesquisadora do Psiquismo, que Vossa Excelência tanto admirava pelo noticiário das nossas revistas psíquicas, e cuja dedicação ao próprio ideal foi algo de respeitável e encantador...

Nada respondi, limitando-me a fitá-la com surpresa e emitir um "Ah!" piedoso, ao passo que a bela interlocutora prosseguia sempre:

— Morreu no Brasil mesmo, onde se aclimatara havia muitos anos. Um mês, mais ou menos, antes da sua morte, recebi esta correspondência dela, e ontem chegou-me às mãos uma carta de um seu amigo brasileiro, comunicando-me o seu passamento. Como sabe, Várvara Dimitrievna e eu nos correspondíamos desde muito, dado que eu também me dedico ao Psiquismo e colaboro, sobre o assunto, nos mesmos jornais em que ela colaborava. Isto aqui — e mostrou-me um envelope grande, volumoso —, isto aqui recende a mistério e espiritualismo, à angelitude e sublimação. Afianço, conde Filipe Filipovitch, que raramente nos deparamos com motivo mais patético e apaixonante. Sei que Vossa Excelência é escritor e pretende escrever sobre Análise transcendente, que venha revigorar a confiança dos leitores na imortalidade da alma, e por isso confio-lhe a última carta que Várvara Dimitrievna me escreveu, acompanhada do relatório de um fato singular por ela mesma vivido. Leia-os por entre os perfumes dos lilaseiros do seu jardim, e o encanto que se evolar destas páginas ainda será mais grato ao seu coração. O que aqui se encontra bem merece a reverência dos nossos corações, visto ser o brado de uma alma de crente que soube bem amar a grandeza do próprio ideal...

Tomei do envelope, que me trouxe ao olfato o fugidio perfume de rosas secas, e guardei-o no bolso interior do meu casaco. Anna Pavlovna ofereceu-me uma chávena de chá quente com mel e torradinhas amanteigadas, que tomei, ruborizando-me a cada instante, ao ouvir o prosaico rumor que os meus próprios dentes faziam ao triturar as torradinhas, enquanto pensava confuso e atordoado:

"O que não compreendo é como uma mulher, tão galante e espiritual como esta Pavlovna, oferece torradinhas engorduradas aos mancebos que lhe fazem a corte com o coração cheio de sonhos e anseios românticos..."

Chegando a minha casa, fiel às insinuações da minha beldade de 40 primaveras (eu contava 25), instalei-me junto às ramadas dos lilaseiros, que espalhavam pelo ar os seus primeiros perfumes. A primavera entrara, e ali, protegido pelo ar fresco da tarde, abri o envelope e li o que se segue, quando o coração se me dilatava em emoções a cada página percorrida, aturdido ante o ineditismo que se apresentava ao meu exame de pretendente a escritor do Psiquismo:

"Minha dedicada amiga doutora Natacha Anna Pavlovna:

Em vossa última carta vós me pedistes, minha amiga, para descrever algo original ocorrido em minha vida, que sirva para as observações a que vos dedicais como psiquista e analista que sois, ao mesmo tempo prevenindo-me de que, seja o que for que eu descreva, aproveitareis na redação de uma página litero espiritista para estudo e meditação dos técnicos em assuntos supranormais. Esse assunto tem sido muito discutido e apreciado ultimamente, não há negar, e não duvido de que a página que desejais ver escrita com o tema por mim ventilado venha a obter sucesso. Narrar-vos-ei, portanto, um dos acontecimentos mais singulares da minha própria existência fértil em acontecimentos singulares de feição mediúnica-espírita, fato real, no qual o romance não interfere senão em parcela diminuta, e apenas para que o que escreverdes, ou mandardes escrever, não venha a sombrear-se pela insipidez do relatório restrito. De outro modo, será bom que eu não guarde só para mim uma revelação que não deixa de conter ensinamento e beleza e que, por isso mesmo, poderá edificar outros corações ansiosos por desvendarem os rastilhos da vida além da morte. Aí segue, pois, o que pedistes na vossa tão atenciosa missiva do mês passado."

Emoção insólita fez-me interromper a leitura. Eu, com efeito, apesar de não conhecer Várvara Dimitrievna pessoalmente, admirava-a profundamente pela sua importante obra mediânica, de que tinha notícias, e pelo espírito de dedicação ao próprio ideal, de que ela sempre dera provas. Amava-a mesmo, com certo sentimento, misto de veneração, respeito e encantamento, como geralmente se mostra o sentimento inspirado pelos intérpretes do mundo espiritual. As mãos, pois, se me esfriaram, premidas pela emoção, o coração se me precipitou dentro do peito e uma sensação de desconfiança e angústia ameaçou obnubilar as boas disposições morais em que me reconhecia. Acendi um cigarro e fumei-o, pensativo, enquanto ao meu redor os lilaseiros do jardim continuaram a dulcificar o ar com seus perfumes, e a figura estranha, quase enigmática, de Várvara Dimitrievna surgiu em meu pensamento com seus olhos certamente profundos, velados de incompreensível tristeza, após o que, virando a página do caderno, que descansava sobre meus joelhos, li a estranha narrativa que se segue.

II
Relatório de Várvara Dimitrievna à doutora Natacha Anna Pavlovna

"Não obstante me haverem educado em princípios católicos da Igreja Ortodoxa, sempre fui dedicada às observações de natureza supranormal, pois desde muito cedo, pelos meus 5 anos, fui testemunha da existência das almas dos mortos ao nosso redor, como se continuassem a viver sobre a Terra.

Deixei o colégio aos 16 anos. Creio mesmo que fui expulsa do convento onde fazia a minha educação porque sofria visões constantes, conversava com individualidades do outro mundo, previa acontecimentos com dois e mais dias de antecedência, pois os meus amigos invisíveis mos revelavam para que eu confiasse na sua lealdade ao se verificar o acontecimento por eles predito, e até cheguei mesmo a adivinhar pequenos segredos das minhas colegas e — coisa inacreditável! — também das boas freiras, nossas educadoras. Toda a comunidade considerava-me demente, anormal, endemoninhada, comparsa de bruxedos, embora eu desse frequentes provas de sensatez e inteligência, e fosse atenta aos deveres escolares, obtendo sempre excelentes notas nas lições mais difíceis. Mas, por assim me considerarem, davam-me castigos e penitências humilhantes, a título de me ajudarem a resistir às investidas dos supostos demônios que me perturbavam. Eu me submetia, então, humilde e passiva, àquela tirania religiosa, sacrificando-me na capela das penitentes até altas horas da noite, alumiada por apenas duas velas colocadas no altar, ajoelhada e com a fronte encostada nas lajes frias, mas bem certa de que os fantasmas que eu via e com os quais conversava não podiam ser demônios porque eram as almas queridas de minha mãe, que eu sabia ter sido bondosa e amável como uma santa; do meu pai, que fora tão amigo da família e morrera abençoando até os próprios inimigos; de minhas tias Agáfia e Lisa, que auxiliaram a minha criação como se fossem outras tantas mães; do velho Mathew Nikolaievitch, amigo de infância do meu pai... e de um outro fantasma que se apresentava com a característica de um jovem de cerca de 30 anos. A esse, porém, eu não conhecia, ou pelo menos supunha não conhecer, considerando-o estranho, embora me confessasse, a mim mesma, vivamente sensibilizada pelas atenções que afetuosamente me demonstrava. Dizia-me ele, por exemplo, murmurando docemente aos meus ouvidos, que me amara em outras vidas pregressas (nós, os filhos de Deus, nascemos e renascemos muitas vezes, na Terra como em outras plagas siderais, embora tal notícia irrite aqueles que não têm em paz a consciência), que me amara em outras vidas, que fora mesmo ligado a mim pelos laços do matrimônio, mas que eu perjurara nosso compromisso de amor e fidelidade e tal delito, de minha parte, e o desespero dele próprio, daí resultante, que o arrastara ao desânimo e ao suicídio, ocasionaram um drama doloroso em nossos destinos, drama cujas consequências se achavam ainda em plena efervescência de dores, não obstante mais de um século já houvesse passado sobre o dia trágico do nosso desastre; que eu me refugiara em nova encarnação, na esperança de me reabilitar por meio da dor de um resgate, mas que ele preferia permanecer no estado de fantasma alado a fim de se fortalecer melhor para as futuras reparações, próprias do suicídio, em reencarnações porvindouras, e assim, desencarnado, seguir meus passos como que para velar pelo meu soerguimento moral, pois me amava ainda e sempre, profundamente, perdoara de bom grado a ofensa por mim infligida à sua dignidade pessoal, em vista do meu arrependimento, ao qual considerava sincero, e esperava poder unir-se para sempre a mim, pelos séculos futuros. Dizia chamar-se Yvan Yvanovitch[16] e ter sido médico nos confins da Rússia, pelos fins do século XVIII.

Apesar de se tratar de um fantasma–homem, e não propriamente de um homem, tais revelações afligiam-me muito. Sentia-me realmente culpada, a consciência acusava-me, com efeito, do citado delito, e nos refolhos sagrados da minha alma eu prometia a mim mesma uma vida de labores dedicados ao amor de Deus e do próximo, como testemunho do meu desejo de reabilitação consciencial e arrependimento pelo mal praticado um século antes.

Ao confessionário eu narrava, em prantos, sinceramente comovida, todos esses fatos singulares ao *startsi*[17] que, em pessoa, nos confessava todas as semanas, dele esperando bons conselhos e consolo ao meu desgosto por haver errado em encarnação remota. Mas, em vez de me aconselhar e consolar, o *startsi* também não me absolvia do pecado, impedindo-me, portanto, a comunhão, e respondia que eu não passava de uma enferma, doente mental, histérica, que necessitava correções drásticas, a par dos jejuns e das penitências; que o diabo era que se manifestava assim, a mim, tomando aparências de um galanteador romântico, a fim de me seduzir melhor para o reino das trevas... Então, era quando me obrigavam a passar dias e noites nas lajes frias da capela, curvada e de mãos postas, a repetir mesuras para o altar, o que me valia dores intensas nos rins, nos joelhos e na cabeça. Ninguém, ademais, se aproximava de mim ou me dirigia a palavra. Durante as aulas, eu havia de me sentar à parte, num canto do salão, oculta das demais alunas por um pequeno biombo. Se me encontravam pelos corredores, minhas colegas, dantes tão gentis, viravam-se nos calcanhares, com um gritinho de susto, e fugiam espavoridas, enquanto

---

[16] N.E.: Ainda hoje é desatencioso, na Rússia, tratar a pessoa só pelo prenome.
[17] N.E.: Título respeitoso conferido a velhos monges do antigo clero ortodoxo russo, dedicados especialmente aos serviços do confessionário. Gozavam de grande autoridade e independência.

as freiras, se não fugiam ao me encontrarem, persignavam-se, proferindo orações a meia-voz. Eu dormia só, em cela afastada de um corredor isolado, fechada a chave pelo lado de fora, quando não ficava toda a noite na capela, igualmente sozinha, cumprindo penitências impostas pelo confessor. Muitas vezes, exausta pelo cansaço e os jejuns frequentes, eu desfalecia, caindo nas lajes da capela, e ali dormia profundamente, apesar do frio que me torturava, para na manhã seguinte ser considerada penitente relapsa no cumprimento do dever e renovar os mesmos suplícios e castigos.

Chamaram, no entanto, o médico.

O bom homem, depois de auscultar o peito, as costas, apertar várias regiões do meu corpo e observar os olhos, a língua, a garganta (ele fez-me escancarar a boca com o cabo de uma colher), as palmas das mãos e os dedos e os joelhos, dando pancadinhas neles e fazendo-me perguntas tão indiscretas que eu não compreendo como um homem usa tais indelicadezas para com uma donzela, o médico voltou-se para a freira vigilante, que presenciava o exame lendo no seu breviário, e concluiu:

— Esta menina não está doente, é perfeitamente normal.

Finalmente, a direção do internato, não suportando mais tão ingrato estado de coisas, fez um correio ao meu tutor, explicando os acontecimentos: afirmava que eu inventava intrujices para não estudar; que sobressaltava a comunidade com narrativas diabólicas; que era preguiçosa e não me queria instruir, desculpando a preguiça com supostas visões, para me furtar às aulas e ir para a capela fingir penitências, e rematava com a súplica para que ele me levasse dali, porque eu me tornara odiosa à comunidade, todos me execravam e temiam devido às anormalidades que me caracterizavam, e, não sendo possível a minha educação em condições tais, rogava o favor de me retirar da instituição, quanto antes.

E assim foi que cheguei a São Petersburgo, no dia 10 de maio de 1880, instalando-me na aprazível residência do meu tutor, localizada num extremo da ilha de Kriestrovsky.[18] Ele era viúvo, dado às experimentações dos fenômenos espíritas, então muito em voga por toda parte, contava 70 anos, e tão meu amigo como mais não poderia ser o meu próprio pai, respeitando-me e admirando-me exatamente em razão das manifestações supranormais que se verificavam comigo.

O bom homem chamava-se Stanislaw Pietrovitch.

III

Senti-me renovar então, e minha vida começou a transformar-se gradativamente, arrastando-me para uma plenitude de ações contornadas por acontecimentos psíquicos, ou supranormais, que duram ainda hoje, quando já a velhice bate às portas da minha existência, coroando de névoas a minha cabeleira outrora loura e acetinada como os raios do sol de junho. Concluí facilmente os meus estudos e tornei-me professora, sem, contudo, jamais perder ensejos para continuar instruindo-me.

O Sr. Stanislaw Pietrovitch possuía uma biblioteca de obras que tratavam do assunto da minha preferência, obras que levantavam a magna questão desde os tempos remotos, ou seja, a questão do intercâmbio entre homens e Espíritos e dos renascimentos da alma humana em novos corpos, ou reencarnação. Pus-me a estudá-las com atenção, sem ser molestada. Meu intercâmbio mental com as almas dos finados tão amados continuou, porventura com maior intensidade, agora que o cultivo da mente e do coração, provocado pelo estudo, predispunha minhas forças psíquicas de tal forma que passei a achar muito natural aquele convívio sobre-humano, habituando-me a ele.

O querido fantasma Yvan Yvanovitch, por sua vez, mostrava-se satisfeito com a resolução, por mim tomada, de me dedicar ao culto do

---

[18] N.E.: Uma das ilhas do delta do Neiva, em São Petersburgo.

Psiquismo e das obras de beneficência a que ele impele, e não perdia ocasião de repetir, tornando-se compreensível aos recessos do meu coração:

— Sim, estuda, estuda a grande ciência da imortalidade, alma querida! Habilita-te no culto a Deus em espírito e verdade, na prática do amor ao próximo, no respeito ao dever, à moral e à justiça, na meditação sobre a Filosofia e a ciência da vida, porque é enriquecer os tesouros da tua alma com o conhecimento indispensável ao levantamento das virtudes, que precisas desenvolver na tua personalidade. Foi assim que eu te quis ver outrora, em nossa passada vida terrena, mas resististe aos meus apelos...

Ansiosa por agradá-lo agora, recompensando-o dos desgostos que lhe causara no passado, eu prosseguia estudando, cada vez com maior dedicação e espírito de observação e análise, a ciência nova, que me empolgava. Fiz do Cristianismo primitivo, exemplificado por Jesus Nazareno, a minha devoção religiosa por excelência, o padrão luminoso de virtudes em que me deveria abastecer de energias para o labor da minha renovação moral, e tanto me apliquei a essa tarefa que me esquecia de que era jovem e bonita, que precisava pensar na preparação de um futuro social para mim própria, que as leis naturais da existência humana me requisitavam para desempenhos próprios da humanidade: o amor, o matrimônio, o lar constituído, filhos... ou alegrias, prazeres, conquistas sociais. Esquecia-me, sentindo que algo superior a tudo isso chamava-me para um destino incomum, no qual eu deveria permanecer atenta às vozes da Espiritualidade, a fim de transmiti-las aos homens e assim suavizar seus dissabores, orientar suas vidas para alvos remissores apontados pelas inspirações do bem.

Igualmente muito dedicado ao cultivo da ciência espiritual, o velho Stanislaw Pietrovitch, meu tutor, deixava-me à vontade com os desempenhos mediúnicos, e de vez em quando estimulava-me, com sua bonomia paternal:

— Estuda, mãezinha, estuda e trabalha, aperfeiçoando os dons da tua alma, tal como vem aconselhando o teu amigo espiritual Yvan Yvanovitch.

Sublimação

Esse nobre labor conduzir-te-á às mais dignificantes finalidades que ousarias esperar. Superior às conquistas do coração e da sociedade, se te dedicares à prática do que nele aprendes terás encontrado o verdadeiro móvel da vida e, portanto, os alicerces da paz da consciência. És médium de forças poderosas, o que significa que serás intérprete da vontade das almas defuntas que habitam o Além; receberás suas ordenações e, se constatares que são razoáveis, coincidindo com o critério dos estudos que fazes, agirás confiantemente sob sua direção e, então, horizontes novos descortinar-se-ão para o exercício de operosidades humanitárias: aqui, uma pobre mãe chorosa será reanimada para os compromissos da existência, que havia menosprezado, porque o filho pranteado provou a própria sobrevivência, enviando-lhe uma carta que escreveu valendo-se das forças supranormais que tu lhe emprestaste para o fim piedoso; além, a esposa desolada consolarás, escrevendo cartas de amor do defunto companheiro, cuja individualidade espiritual igualmente se servirá da tua mão para a ela se dirigir; acolá, fornecerás energias físicas para que o amigo se extasie ante o fantasma humanizado do amigo supostamente morto desde muitos anos, enquanto, realizando tudo isso, participarás à humanidade que a alma é imortal, que um mundo novo se descerra para nossas almas, quando nos supõem vencidos pelo tempo sob o peso de um túmulo, e que, portanto, teus compromissos para com as Leis de Deus e para com a humanidade são grandes e sagrados. Não és do mundo, minha cara Várvara Dimitrievna, não serás do mundo nem para os dias futuros. Prepara-te, pois, para as tarefas que te dizem respeito, ou seja, para as tarefas do Espírito.

Eu não assimilava muito bem o que o meu tutor queria dizer com tais sermões. O fato de me comunicar com as almas do outro mundo parecia-me tão natural que, para mim, tocava a banalidade. Não me empolgavam os dons espirituais que me eram próprios, não me envaidecia o fato de possuí-los, não me surpreendiam as vitórias que eu própria contemplava sobre a morte. Tudo isso era-me perfeitamente natural, comum, destituído de sublimação, e por isso, às vezes, enfadava-me ouvir os ditos sermões, por mim considerados frutos do fanatismo do meu tutor, quando, em verdade, tratava-se de advertências assaz prudentes, para me chamarem ao senso da responsabilidade. Mas ia-me habituando àquela vida dedicada ao estudo e às observações transcendentais, sem me aperceber de que o tempo passava e rigorosa iniciação filosófica, científica e moral-religiosa processava-se em mim. O inverno encontrava-me sempre nesse suave desprendimento, eu já ultrapassara os 20 anos e nem me seduziam os bailes, os saraus, os teatros, os jantares, as ceias e os chás, tão comuns em São Petersburgo durante essa estação do ano. E, quando a primavera voltava e os lilaseiros do jardim novamente se vestiam de galhos floridos e perfumados, aprazia-me escrever e meditar sobre assuntos espirituais num ou noutro banco que lhes ficassem próximo, enquanto os passarinhos algazarravam por entre as frondes renovadas dos arvoredos.

IV

Protegidas pela minha dedicação ao estudo e a abstração das coisas deste mundo, que voluntariamente eu me impusera, minhas faculdades supranormais manifestadas, de algum modo, na infância, agora progrediam facilmente, adquirindo elasticidade e valores consideráveis, permitindo-me, então, a realização de experiências importantes, as quais jamais deixaram de confirmar a veracidade do fenômeno de intercâmbio com o Além e os bons frutos de um trabalho todo dedicado ao bem. Por sua vez, as almas queridas de minha mãe, de meu pai, dos muitos amigos que desde tempos anteriores começaram a testemunhar-me amor e proteção e, acima de todas, a alma bem-amada de Yvan Yvanovitch, repetiam à minha audição espiritual, em cantilenas protetoras, propiciando situação condigna para a minha qualidade de intermediária entre dois mundos, ou escreviam instruções por minha própria mão, em inesquecíveis momentos de confabulações epistolares:

— Para bem servir à ciência divina como intérprete das esferas espirituais, muita coragem, muita dedicação ao bem serão necessárias, muita paciência e muito amor. Não julgues que o dom de falar com os mortos seja propriedade humana, que a teu bel-prazer dirigirás. Não! O dom que possuis é força celeste especial, que Deus concedeu aos antigos perjuros do dever, para ajudá-los a se reerguerem do opróbrio de graves delinquências pretéritas. Servirás, pois, a Deus e ao próximo com ele, enquanto no seu exercício te reabilitarás do passado pecaminoso para uma vida nova, inspirada no amor e na justiça, razão pela qual deverás respeitar e amar esse dom.

E acrescentava amoroso e serviçal, o doce companheiro dos meus destinos passados:

— Fui médico na Terra, minha Varienka, antes de atingir o presente estado espiritual, e por isso continuo médico no Além. Sê passiva aos meus desejos e prometo auxiliar tua reabilitação consciencial, praticando a Medicina por intermédio dos teus dons mediúnicos e, assim, servindo aos deserdados dos bens terrenos, também testemunhando ao mundo a grandiosidade das Leis eternas no empolgante fenômeno de uma menina, frágil e inexperiente como a minha Varienka, absolutamente desconhecedora da Ciência médica, a curar doentes cujos distúrbios desafiam as possibilidades humanas! Assim, submetida a mim, tu me auxiliarás como eu a ti, pois necessito desdobrar-me em trabalho intenso dos campos da beneficência, seja no mundo invisível ou na sociedade terrena, para, por minha vez, me reequilibrar do erro de me ter desarmonizado com a lei da Criação: matei-me, a mim próprio, desgracei-me por teu amor, quando o desespero de perder-te, na dor de um perjúrio, tirou-me o senso da razão para me precipitar num abismo consciencial do qual penosamente me liberto. Ajudemo-nos, pois, mutuamente, já que juntos também erramos no passado...

E assim foi que curei enfermos, não com a aposição das mãos, como outrora os antigos seguidores do divino Mestre, mas obtendo receitas médicas sob o impulso vibratório da inteligência de Yvan Yvanovitch, que fora médico e agora acorria ao meu chamamento para socorrer enfermos por meu intermédio; ensinei Filosofia espírita e Ciências transcendentes, ao meu alcance, aos sedentos de conhecimentos e progresso espiritual; consolei os tristes e sofredores com o pão e o agasalho do corpo, que arrecadava entre os corações piedosos para distribuir com os que nada possuíam, e, com as branduras do amor fraterno, que incidiam do Além sobre a minha alma, visitei antros de dor, tentando suavizar situações vexatórias: tugúrios, hospitais, isbás[19] miseráveis, onde corações desesperançados pela rudeza do infortúnio sofriam a vergonha da indiferença da sociedade, que os esquecia, e reanimei a todos com a ajuda ao corpo e as alvíssaras recebidas do Além, que a mim própria emprestavam forças novas, tentando reconciliá-los com Deus e consigo próprios.[20]

À noite, o doce amigo espiritual aparecia-me em sonhos, para repetir:

— Prossegue, minha Varienka, prossegue... Tens a ventura de realizar tua reabilitação sob o patrocínio das consoladoras inspirações celestes. Sê fiel aos princípios generosos da Doutrina de amor que te redime do pecado cometido ontem... E, mais tarde... Sim, mais tarde, após as duras lides do dever bem cumprido, novas auroras hão de renovar nossa caminhada para Deus, unindo-nos novamente com os indissolúveis laços do amor...

No fim de alguns poucos anos meu amor pelo fantasma protetor crescera na intensidade e no respeito, transformando-se em imortal veneração. Habituei-me à sua companhia, era ele o companheiro das minhas lides mediúnicas, companheiro dos meus sonhos, dos estudos e das meditações a que me obrigava, e, mais do que nunca, senti-me ligada a ele pelos laços do passado reencarnatório. Amei-o profundamente, desdobrei-me amorosamente em benefício do meu próximo, pensando reabilitar-me do mau passado que vivera, e minha preocupação maior

---

[19] N.E.: Pequena casa de madeira muito usada na Rússia, para os homens do campo.

[20] Nota da médium: A presente enumeração da beneficência realizada por espíritas é o característico da Codificação do Espiritismo. Na Rússia, havia tradução das obras de Allan Kardec, desde o início do Espiritismo, feita pelo sábio Alexandre Aksakof.

era conduzir-me de forma que, ao findar a existência, eu pudesse ouvir, no recesso da minha consciência, o eco daquelas tocantes palavras do Nazareno à mulher submissa e chorosa a seus pés: "Perdoados são os teus pecados, porque muito amaste".[21]

V

Certa noite, eu pedira ao fantasma Yvan Yvanovitch que indicasse tratamento medicinal para uma criança enferma, a quem os médicos acabavam de desenganar. No decorrer de seis anos de dedicação mediúnica, assistida por ele, eu observara que o querido amigo amava as crianças e que seu tratamento médico era porventura mais eficiente para elas que para os próprios adultos. Havia vários pedidos de consultas e durante cerca de duas horas o celeste mistério verificou-se ainda uma vez, no recinto sereno onde eu me confiava ao exercício mediúnico: o ser espiritual de um médico que vivera na Terra transmitindo pela minha mão e o meu lápis, que eram leigos, como servindo-se de um aparelho telegráfico, o tratamento conveniente a um caso grave de enterite numa criança de poucos meses de idade; a outro caso, agora de congestão renal, em um adulto, e ainda outro, de anemia e desequilíbrio em mais outro adulto...

Nessa noite, eu me encontrava ainda em nossa aprazível residência da ilha de Kriestrovsky, pois só mais tarde, depois da morte de Stanislaw Pietrovitch, foi que me transferi para a minha isbá de Pargalovo.[22] Corria então o mês de março de 1886. A neve descia ainda com vigor dos espaços congelados, não obstante a promessa da primavera, e o fogo da lareira crepitava aquecendo-me na solidão do gabinete em que me habituara a trabalhar. E pequena lâmpada a querosene permitia leve penumbra no recinto, apenas clareando o papel em que eu escrevia sob o impulso da

---
[21] N.E.: Lucas, 7:47.
[22] N.E.: Aldeia dos arredores de São Petersburgo, na estrada da Finlândia.

força espiritual. Findo o trabalho, agradeci ao fantasma Yvan Yvanovitch o favor prestado, em nome dos doentes beneficiados, apresentei meus votos de paz e prosperidades espirituais e encerrei a sessão, a que ele e eu somente coparticipáramos. Mas o amado amigo não se retirava, permanecia a meu lado, pensativo, visível à minha vidência, como se algo mais tivesse a dizer. Compreendi-o triste, talvez presa de angústia, a qual em mim própria refletia com o travo de viva inquietação.

— Que mais, bem-amado irmão e amigo? — perguntei.

Porém, o silêncio permanecia e, estranhando a atitude insólita, repeti:

— Que mais, alma querida, meu irmãozinho? Que sucede? Desgostei-te, porventura? Incorri em nova falta? Perdoa e ajuda-me a repará-la, bem conheces a fragilidade do meu caráter...

Eu o distinguia plenamente visível à minha faculdade, de pé, à minha frente, a cabeça baixa, como que desencorajado de se afastar. Por minha vez, eu temia fitá-lo e, diante daquele fenômeno raro, que os insignes pesquisadores do Psiquismo, em toda a Europa, provocavam para conseguirem com parcimônia os frisos da realidade, mas que a sublime força do amor a mim concedia positiva e voluntariamente, eu jamais me comportava com displicências. Quedava-me antes respeitosa e passiva, desencorajada de tratá-lo como a um ser humano, não obstante os profundos laços de amor que nos uniam. Mas, subitamente, "falou" ele, expressou-se em linguagem espiritual, que é vibração, falou num murmúrio, só compreensível a mim mesma, o qual retumbou em meu ser como irremediável derrocada:

— Venho despedir-me de ti...

De início, julguei não compreender devidamente a irradiação mental que dessa forma se dirigia a mim e, atordoada, interroguei em voz alta, como se falasse a um ser humano:

Sublimação

— Despedir-se de mim?...

— Sim, venho despedir-me de ti... — confirmou.

— Mas... Por quê? Teríamos novamente infringido a respeitabilidade das Leis de Deus? Essa despedida implica um castigo, uma punição?

— Não, minha querida, descansa! Desta vez não desobedecemos a Lei de Deus, não se trata de castigo... É a reencarnação que me atrai com os seus poderosos impulsos, movidos pela lei do progresso... e devo ausentar-me a fim de prepará-la...[23]

— Não poderias dilatar um pouco mais essa realização, até que eu retorne à vida espiritual? Como ficarei sem ti, sem a tua proteção, única verdadeira felicidade que possuo neste mundo?

— Não, não poderei. Lembra-te de que, perante os códigos divinos, não passo de um revel, um delinquente que infligiu ultrajes ao dever, pois fui, ou sou, um suicida que resgata a falta. Não poderei avançar nas linhas do progresso sem que retorne à Terra para cobrir o tempo que me faltava viver com aquele corpo que voluntariamente destruí, o que quer dizer que, uma vez reencarnado, terei vida breve e abandonarei, talvez, o corpo em plena mocidade, ou prosseguirei, aproveitando o ensejo para novas realizações. O prolongamento que sugeres já o fiz sob minha própria responsabilidade, e o fiz por amor a ti, pois desde muito devera ter ingressado em novas formas humanas... Mas agora, trata-se de um dever sagrado que deverei cumprir. Para ti, o meu afastamento da tua presente rota constituirá provação tanto mais penosa quanto já te habituaste ao meu convívio, testemunhando-me agora, por uma dedicação sublimada, a plenitude do amor que eu sempre desejei encontrar em teu coração, nos dias pretéritos. Sofrerás, assim, a angústia da minha ausência, compreendendo, só agora, um século depois do nosso drama, a dor que eu mesmo

---

[23] N.E.: O Espírito candidato ao retorno à Terra prepara a própria reencarnação, auxiliado por seus guias espirituais, ou, na sua impossibilidade, seus guias por ele. Às vezes, esse preparo é demorado.

sofri quando me abandonaste pelos ardores das paixões da mocidade. Para mim, essa separação será a dor da saudade, da solidão inconsolável, que só no amor de Deus encontrará refrigério. Mas não te esquecerei, minha estrela, minha mãezinha! Fui teu no passado, sou teu no presente e continuarei teu pelos laços do amor imortal, através das idades futuras... Não nos encontraremos, porém, na presente jornada, estaremos em situação oposta, irremediável, porque os testemunhos a que somos chamados não implicam nossa aproximação na vida carnal. Por meio do sono de cada noite, minha alma, uma vez reencarnada, buscará a tua e continuaremos unidos pelo Espírito e pela atração do pensamento apaixonado e saudoso... e mais tarde, quando possível, provar-te-ei que nem a separação motivada por uma nova existência me fará deixar-te. Rogo-te que peças a Deus por mim e me concedas o consolo da tua fidelidade ao meu amor. Adeus!

A silhueta amada extinguiu-se lentamente, na penumbra sugestiva do aposento, e eu continuei ali, sentada, surpreendida, aniquilada como se acabasse de ver morrer em meus braços o ser que mais amei em minha vida, mas sem uma lágrima, aturdida pela decepção, os olhos dilatados e secos fitos nas chamas da lareira, sentindo repercutir ainda, nos refolhos do meu ser, a despedida humilde daquele que tanto me soubera amar através do tempo. Adeus!

VI

Dir-se-ia que o desaparecimento de Yvan Yvanovitch para a reencarnação assinalou fase nova em minha vida. Prolongada série de desgostos, provações e testemunhos abateu-se sobre mim, desafiando todos os meus esforços para remediá-la ou impedi-la. Stanislaw Pietrovitch morreu logo após a despedida de Yvan Yvanovitch e, como eu já não tinha parentes que me pudessem socorrer, vi-me na contingência de viver somente acompanhada por uma governanta, que me dirigia a casa. Entreguei aos herdeiros

Sublimação

de Stanislaw Pietrovitch a bela residência da ilha de Kriestrovsky e, como ainda possuía uma isbá de dois pavimentos, em Pargalovo, recolhi-me àquela solidão e prossegui com os meus deveres de criatura de Deus, cheia de responsabilidades. Felizmente para mim e os meus estudos e experiências espíritas, pus-me a lecionar a alunos particulares e poderia contar ainda com algum recurso financeiro, restos da fortuna de meu pai, e por essa razão nunca me faltaram o lume para o inverno nem o pão cotidiano. Se, porém, esses bens materiais confortaram minha existência física, as dores morais, advindas do isolamento e do desamparo em que vivia, castigaram-me profundamente o coração. Voltei-me, então, mais do que nunca, para os deveres impostos pela minha fé espírita e me aprofundei nos labores da beneficência social, tanto quanto permitiam as circunstâncias da minha vida. Mas não me alongarei nessas particularidades, porque constrange-me enumerar as vezes que me foi possível servir o próximo, como indicam as Escrituras Santas. Entretanto, acrescentarei que os anos se passavam, eu já atingira os 30 anos e nunca mais tivera notícias do amado fantasma que fora o encantamento da minha infância e da minha juventude. Havia dez anos que ele se fora da minha presença e, nesse intervalo, no intuito de me distrair durante os rigorosos invernos de nossa pátria, enchendo com algo útil as minhas horas de lazer, tão vazias, dediquei-me ao estudo do esperanto, idioma novo que surgira na Polônia, no ano de 1887, e cuja finalidade era estreitar as relações de amizade entre povos e nações por meio do seu estudo e cultivo, pois é bem certo que um dos grandes fatores das divergências existentes entre os povos é a impossibilidade de o homem aprender todas as línguas para entender-se com os naturais das outras nações, tentando intercâmbio amistoso.[24] Uma vez aprendam os homens o citado idioma, o qual lhes permita intercâmbio linguístico, estaria removida a dificuldade: a compreensão facultaria a fraternidade e povos longínquos passariam a querer-se como bons amigos. Esse idioma, que se diria inspirado pelas potências espirituais ao seu criador, havia surgido, como disse, na Polônia, pelo gênio do doutor em Medicina, Lázaro Luís Zamenhof — que tu bem conheceste —, e eu, informada das vantagens

---

[24] Nota da médium: Léon Tolstoi era esperantista. Aprendeu a gramática do Esperanto em duas horas, mas só se manifestou seis anos depois, o que deu grande impulso à divulgação da língua internacional.

que sua aquisição proporciona, procurei aprendê-lo, e o consegui com facilidade, cultivei-o com dedicação e respeito e o inscrevi no coração como um segundo motivo religioso, não obstante tratar-se de um idioma leigo, absolutamente sem caráter religioso.

Todavia, a existência tornara-se difícil para mim em Pargalovo. Meus recursos financeiros diminuíam a olhos vistos e bem depressa fui surpreendida pela necessidade de me desfazer dos últimos bens que possuía e até da isbá onde residia, a fim de solver dívidas e me livrar com dignidade da difícil situação em que me encontrava. Foi-me necessário trabalhar melhor para viver e, como eu era professora, falando e escrevendo bem o francês, o inglês e o alemão, como todo russo de cultura normal, além do esperanto, com facilidade encontrei colocação em casa de uma família inglesa residente em São Petersburgo, cujo chefe era adido à embaixada do seu país na Rússia. Tão apreciados foram os meus métodos de direção e ensino às crianças, e tanta habilidade encontraram no meu sistema de governo da casa que, ao regressar a família à Inglaterra, fui convidada a seguir com ela e ficar definitivamente como preceptora dos pequenos e governanta vitalícia da nobre casa, pois, efetivamente, tratava-se de representantes da ilustre e tradicional nobreza inglesa.

Parti, então, para Londres, mas algum tempo depois vi-me na emergência de novamente acompanhar meus amos, uma vez que seguiam para nova missão diplomática em terra estrangeira — dessa vez o Brasil, na remota América do Sul.

E assim foi que passei a viver na longínqua pátria sul-americana, afastando-me tanto da Rússia e dela me desambientando de tal forma que, às vezes, contemplando as vigorosas paisagens brasileiras, cujo aspecto tanto difere das paisagens russas, eu murmurava comigo mesma:

— Dir-se-ia, Deus Pai, que existo agora em encarnação nova: nasci, vivi e morri na Rússia, estagiei na Inglaterra e depois renasci em novo corpo, no Brasil!

Sublimação

Muitas vezes a dor de pungentes saudades torturou meu coração. Os cenários da minha infância: o solar paterno, o vulto amado dos meus pais, o jardim e o pomar da nossa herdade, a cidade pacata e aconchegante e até o convento, onde tanto me fizeram sofrer, apresentavam-se às miragens das minhas recordações e as lágrimas afligiam-me, ao mesmo tempo que pressentimentos fortes avisavam-me de que jamais me seria possível regressar à Rússia. Mas minha doce crença espírita, infundindo varonil coragem ao meu coração, predispunha-me à conformidade: os amados amigos do Além, acorrendo para relembrar ao meu raciocínio que o Espírito é cidadão do universo e que, portanto, vivendo em quaisquer latitudes do planeta estará sempre em sua pátria, eu serenava e dizia a mim mesma:

— Sei que vivo dias de provação, resgatando os ultrajes lançados à lei da vida por atos vis que pratiquei em existências remotas...

E isso me consolava. De outro modo, o Brasil convinha singularmente às minhas necessidades de Espírito em trabalhos de reabilitação, em virtude da suavidade das leis que permitem liberdade plena para o cultivo das variadas convicções religiosas, filosóficas ou científicas, o que seria difícil encontrar em minha terra natal. Com efeito, senti-me protegida pelas leis brasileiras e em seu clima fraterno continuei exercendo minhas forças supranormais em prol da verdade espírita e do meu próximo, carente de amparo e afeição.

A vida, pois, transcorria assim, para mim, entre trabalhos, provações e o amor dos meus semelhantes. Não era má, porque me sentia consolada pelos encantos da verdade espírita, que me fortalecia e empolgava, mas também não se poderia considerá-la feliz, porque a solidão, advinda da falta de um lar que me reanimasse o coração, era pesada e irremediável, e, além de tudo isso, eu já me habituara a qualquer circunstância adversa e a natureza da filosofia que me sustentava as convicções trazia-me a certeza do dever cumprido, o que criava a satisfação da consciência para consigo mesma. E, finalmente, afeiçoei-me tanto a esta grande pátria sul-americana que resolvi jamais abandoná-la, aqui mesmo continuando quando a família inglesa, com quem me afinara, entendeu regressar à terra natal.

Já por esse tempo eu conseguira economizar certa quantia em dinheiro. Associei-me a uma casa de modas para senhoras e vivia modestamente, do fruto do meu labor, sem contudo esquecer meus deveres de espírita.

Chegara o ano de 1910 e eu me surpreendera ao observar que completara já os meus 47 anos. Recebi cumprimentos de boas festas de amigos e coidealistas esperantistas de várias partes do mundo, destacando-se, no entanto, dentre tantos cartões e cartas recebidos, um postal provindo de Varsóvia, na longínqua Polônia, escrito no idioma esperanto, que eu tanto amava. O correspondente assinava-se Frederyk Kowalski, o qual confessava contar 23 anos, possuir um diploma de médico e cursar ainda a Universidade, a fim de tornar-se professor de uma especialidade da Medicina.

Não sei por que, um alvoroço incontrolável sacudiu as fibras da minha alma diante daquele singelo postal de Varsóvia. Tinha a impressão de reconhecer as expressões mais que atenciosas, porque afetuosas, que me eram dirigidas, e que quem me escrevia era o próprio Yvan Yvanovitch, que ressurgia em novo corpo, das solidões do túmulo, e assim cumprindo a promessa feita ao despedir-se de mim para a reencarnação.

Afetuosa correspondência no idioma universal — o esperanto — estabeleceu-se então entre mim e o meu novo amigo. Encantada, eu reconhecia nas expressões do amável correspondente da martirizada Polônia as expressões do antigo amigo espiritual Yvan Yvanovitch, e me perdia em suposições alarmantes, ao mesmo tempo que recordava sua despedida para a reencarnação:

"Não nos encontraremos pessoalmente, na próxima jornada terrestre. Estaremos em situação oposta, porque os testemunhos que somos

Sublimação

chamados a provar não implicarão nossa aproximação na vida carnal. Mas não te esquecerei, minha querida, tão certo estou da sublimação do sentimento que te consagro. Minha alma, uma vez reencarnada, buscará a tua por meio do sono de cada noite, estaremos unidos pelo Espírito e pela atração do pensamento apaixonado e saudoso... e mais tarde, quando possível, provar-te-ei que nem a separação motivada por nova existência minha me fará deixar-te. Fui teu no passado, sou teu no presente, continuarei teu pelos laços do amor imortal nas idades futuras... E, voluntariamente, e com o assentimento das leis diretoras do nosso destino, tracei os planos da tarefa a cumprir na Terra, de molde a servir a Deus e ao próximo intensamente, abolindo até mesmo o matrimônio das minhas cogitações..."

Ora, fatos estranhos agora se passavam entre mim e o meu correspondente Frederyk Kowalski. Sonhávamos juntos os mesmos sonhos, na mesma noite, e nossas cartas, mutuamente relatando o acontecimento, cruzavam-se no oceano, trazendo-nos a confirmação dos encontros de nossas almas amantes. Em suas amorosas epístolas, dizia o sentimental amigo distante:

"Tudo me fala de ti e tua presença é tão real junto de mim que, às vezes, sinto o teu rosto junto do meu e o perfume dos teus cabelos faz-me estremecer o coração. Eu tenho a impressão, minha querida, de que escrevo a uma grande amiga de outros tempos, a quem muito tenho amado em idades remotas e a quem perdi de vista, não sei como nem por quê... embora não saiba explicar o fenômeno do sentimento que me agita. Não sei se vivi, ou onde vivi, antes de me sentir a personalidade de Frederyk Kowalski. Dizem-me os pressentimentos que todos nós vivemos e revivemos neste mundo, não sei como... e que meu sentimento conhece-te desde séculos, que muito errei e sofri por ti e que agora continuo sofrendo a dor de não poder ver-te junto de mim. Há dias visitei minha cidade natal, Sosnowiec,[25] para uma estação de repouso. Junto de minha mãe desejei

---
[25] N.E.: Cidade da Polônia.

refrigerar meu coração, que se sente oprimido pelas mil inquietações diárias e também pela saudade de ti, que o atormenta. Sou pobre de bens de fortuna, luto rudemente pela subsistência, não tenho, por enquanto, possibilidade de singrar os mares e repousar junto de ti. Então repouso junto de minha mãe, porque é ela a única mulher que te poderá representar em meu coração. Mas vejo-te por toda parte, a saudade jamais esmorece. Se faz luar, ponho-me a contemplar a lua, porque talvez também a minha Varienka esteja olhando para ela. Se aspiro um perfume, quisera que também tu o aspirasses. Se ouço música ou leio bela página literária, entristeço-me porque não estás presente para compartilhar da mesma satisfação que me absorve. Tenho associado a tua pessoa a todos os momentos da minha vida..."

De outras vezes, as cartas revelavam anseios muito humanos, como estes:

"A primavera voltou, os pinheiros renovaram-se de tonalidades mais vivas, a neve desloca-se e estende-se, liquefeita, em lençóis prateados ao longo do prado, onde as narcejas esvoaçam. Os lilaseiros do jardim acendem perfumes mais intensos e as rosas não tardam a colorir as latadas das mansões senhoriais. Tudo é vida, beleza, alegria e poesia... mas nada disso me faz ditoso, porque tu estás tão longe, minha Varienka! Cada flor, cada gorjeio de pássaro e até as pedras do caminho falam de ti e comigo lamentam a dor da tua ausência. Mas, apesar de tudo isso, sou feliz, porque sei que sou amado pelo teu coração, tua presença está viva em mim, aquece-me o corpo a doce impressão do teu contato, ouço tua voz falar-me carinhosamente: 'Frederyk, meu doce amado!' Tão doce voz que impossível será que mais alguém no mundo possua igual. Mas é tudo sonho. A realidade é terrível e irremediável. Tu continuas distante. E eu hei de passar a vida assim, sem ti?..."

Eu consolava-o quanto podia, receosa de que, um dia, me pudesse visitar, pois, em verdade, eu era vinte e quatro anos mais velha do que ele e temia que sua mocidade não resistisse ao choque da realidade, vendo-me pessoalmente, fora dos vapores dos seus sonhos, ressentindo-se, muito justamente, da disparidade das nossas idades. E, de certa feita, escrevi-lhe, tentando desviar suas cogitações do amor

Sublimação

humano, que parecia inquietá-lo, para encaminhá-lo à sublimação do amor imaculado, sereno e espiritual, único com o qual eu poderia retribuir aos ardorosos protestos das suas 23 primaveras pujantes de vida:

"Tu disseste, meu amigo, que me oferecerás a tua fotografia, mas pergunta receoso: 'Não ficarás descontente se o Frederyk dos teus sonhos for muito diferente do que eu realmente sou?' Não, meu doce amigo, não ficarei descontente por isso, porque o Frederyk dos meus sonhos não é o homem que em verdade és, mas o ser ideal que sempre viveu nas aspirações da minha alma, é o coração amoroso que tão generosamente amou o meu e o compreendeu, o caráter equilibrado e justo que eu percebo nas expressões dessas cartas tão lindas, que encantam de suavidade a minha alma. Belo ou não, que sejas, generoso ou não generoso, para mim serás sempre o ser ideal, porque é o teu ser espiritual que eu de preferência distingo em ti e ao qual desejo amar para sempre, mesmo além da morte..."

Acrescentava, porém, incapaz de sopitar a saudade que me torturava o coração, a mágoa por me reconhecer irremediavelmente separada dele:

"Pela janela aberta vejo o luar, cujo esplendor clareia também as ruas de Varsóvia, por onde diariamente tu transitas, o hospital onde trabalhas, a faculdade onde aperfeiçoas o teu curso de Medicina, a casa onde resides. E medito reconfortada por esse lenitivo supremo: 'Como Deus é bom, permitindo que o mesmo raio de luar que incide sobre a mesa em que escrevo ilumine também as janelas do aposento onde repousa aquele que eu mais amo neste mundo!'"[26]

Durante quatro anos essas epístolas fortaleceram o nosso coração, estreitando nossas almas nos sagrados laços de um sentimento que se conservou ardente e vivo, dominando as horas que vivíamos e até nos protegendo contra as angústias e os arrastamentos menos bons, sempre possíveis na vida cotidiana. Era como se vivêssemos estreitamente

---

[26] N.E.: A diferença entre os fusos horários do Brasil e da Polônia é de 4 horas (horário de Brasília).

unidos, sem jamais nos separarmos, sequer por uma hora. Não sendo possível às modestas posses financeiras do meu caro correspondente vir pessoalmente ao meu encontro, não havia outro recurso senão nos contentarmos com nossas queridas cartas e os doces encontros em Espírito, durante o sono de cada noite. Cumpria-se, assim, a profecia de Yvan Yvanovitch, ao despedir-se para a reencarnação:

— Não nos encontraremos jamais, na próxima jornada terrena.

VII

No ano de 1914, deu-se em Sarajevo, cidade da antiga Sérvia, o assassínio do arquiduque Francisco Ferdinando, príncipe herdeiro do trono da Áustria-Hungria, e de sua esposa, condessa de Chotek, duquesa de Hohenberg, pelo jovem estudante Gavrilo Princip. O triste acontecimento, que abalou o mundo inteiro, foi um dos graves motivos, senão o principal, que motivou a Grande Guerra de 1914-1918. Ao ter notícias das declarações de guerra que se seguiram ao ultimato da poderosa Áustria à pequenina Sérvia, temi pelo meu doce amigo de Varsóvia, que se achava em idade militar, era médico e, certamente, não poderia evitar a possibilidade de também marchar para a frente do conflito. A Rússia fizera-se aliada da França, da Inglaterra, da Itália, da Bélgica, do Japão e, portanto, da Sérvia, pátria involuntariamente responsável pelo terrível conflito mundial. A Alemanha aliara-se à Áustria-Hungria, às quais se ajuntaram, também, a Bulgária e a Turquia, como sabeis. Eu bem imaginava que a Polônia, nação pacífica por excelência, mas imprensada por nações beligerantes, não poderia deixar de sofrer intensamente, mesmo porque, sempre comprimida pela Rússia, seria arrastada ao conflito, como realmente o foi.

A última carta do meu sentimental correspondente Frederyk Kowalski participava-me que ele fora requisitado para um batalhão das forças russas, que serviria na frente de batalha como médico da

Sublimação

Cruz Vermelha, que escrevia às pressas e que, certamente, não teria outras possibilidades de escrever porque a guerra ameaçava ser violenta e as comunicações internacionais se tornariam difíceis, senão impossíveis. Mas acrescentava, tal como Yvan Yvanovitch vinte e oito anos antes:

"Não te esquecerei jamais, minha querida! Se eu morrer nesta luta, minha alma imortal buscará a tua, provando que nem mesmo a morte será capaz de me afastar de ti. Confia no meu amor e continua certa de que, mais do que no presente, estarei contigo no futuro. Ama-me sempre e pensa em mim: eu confiarei em ti e nunca me sentirei só ou desgraçado, na aspereza da guerra, porque tu serás o anjo bom que me seguirá sempre, com a sublimidade do amor que me consagras."

A terrível catástrofe mundial durou quatro anos e nunca mais tive a ventura de sentir nas mãos outras cartas daquelas, que tanto me haviam confortado o coração, ajudando-me a viver. Não havia, com efeito, possibilidade de intercâmbio epistolar para quem quer que fosse: os mares minados, policiados por submarinos, a distância desoladora, de um polo a outro do mundo, a dificuldade nos hospitais ou nas trincheiras... a morte, a morte, que dia após dia destruía os contingentes humanos, tudo era impossibilidade entre mim e o meu doce Frederyk. Mas o certo era que, muitas vezes, à noite ou durante o dia, se eu dormia, minha alma abandonava o fardo carnal no leito, imerso em sono profundo, e procurava, em ambientes escuros e tumultuados, a silhueta amada, e a encontrava.[27] Frequentemente, assim visitei o meu amado, vi-o lutar em desespero para salvar feridos nos próprios campos de batalha, vi-o sofrer mil dores e dificuldades, vi-o chorar de saudades e angústia, vi-o marchar exausto e sofredor, por campos semeados de morte e desolação. De outras vezes, também ele dormia. Então, meu Espírito arrebatava o dele de junto daquele corpo exausto e saíamos para bem longe, atingíamos estâncias espirituais favoráveis e éramos retemperados da dor das provações por

---

[27] N.E.: Os Espíritos encarnados reconhecem-se ao se encontrarem durante o sono, mesmo que nunca se tenham avistado no presente, visto se terem conhecido e amado em existências antigas e se recordarem delas durante o interregno do sono.

seres amigos do Além, portadores da beneficência para com o próximo. Até que, finalmente, assisti à sua morte, durante um violento bombardeio, que nem mesmo a Cruz Vermelha respeitara, e então, sempre em Espírito, isto é, em sonho, chorei sobre seu corpo inerte, que lá ficou, longe de mim, no campo sinistrado pela incompreensão humana, enquanto o Espírito foi encaminhado para as sedes de recuperação criadas pelo amor de Deus na vastidão dos espaços siderais...[28]

Passados alguns meses, eis que Frederyk, o antigo Yvan, voltava a visitar-me. Seu fantasma aparecia-me, falava-me como outrora, antes da reencarnação. Por mensagens psicografadas, dava-me agora novas cartas, sempre as mesmas, doces, românticas e amorosas, como aquelas escritas de Varsóvia:

"Eis-me aqui, minha querida Varienka, ainda e sempre, vivo e senhor de mim como nunca fui, visto que agora estou reabilitado do meu erro de suicídio. Nosso amor prosseguirá através dos milênios, porque assentou raízes nas próprias Leis de Deus. Não temas, Varienka, sê confiante e serena, porque brevemente estaremos unidos para sempre: nosso delito do passado foi expurgado pela grande dor de uma irremediável separação..."

Entretanto, eu cansara de lutar e sofrer. Envelhecera e, conquanto a força do meu ideal espírita revigorasse heroicamente meu coração, um secreto desejo de retornar à vida do Espírito agora se insinuava em minhas preces: "Dá-me, Senhor" — eu segredava em orações —, "dá-me a ventura de partir para o teu Reino de paz, fortalecida pela esperança na tua justiça..."

VIII

"Minha cara doutora Natacha Anna Pavlovna:

---

[28] Nota da médium: Tais possibilidades são mais frequentes do que supomos; porém, geralmente, não nos recordamos delas ao despertar.

Estou, agora, gravemente doente, minhas forças se escapam com rapidez. Escrevo esta última página de um catre de hospital, amparada pelos travesseiros que duas vizinhas de leito me forneceram. Os fantasmas queridos de minha mãe, de meu pai, de minhas boas tias Lisa e Agáfia Dimitrievna, de Mathew Nikolaievitch, amigo de meu pai, de Stanislaw Pietrovitch e do meu muito querido amigo Frederyk Kowalski (o Yvan Yvanovitch de outros tempos) frequentemente me visitam. Vejo-os, como sempre, falo com eles, sei que vieram para infundir confiança à minha alma, no momento do seu trespasse. Sei que terei um feliz despertar espiritual nessa amorável companhia e eu mesma sorrio contentíssima, enquanto traço estas últimas frases. Este, pois, é o relatório que, a vosso pedido, concluo às vésperas de minha morte.

Vossa agradecida de sempre

VÁRVARA DIMITRIEVNA"

IX

Escurecia, quando terminei a leitura do estranho documento de Várvara Dimitrievna. Os lilases, com efeito, recendiam intensamente, sob o espargir do sereno que principiava a umedecê-los. As luzes da grande cidade, já acesas, pareciam molhadas dentro dos globos protetores, indecisas sob a fluidez do nevoeiro que se adensava de instante a instante. Fechando o caderno, pus-me a olhar os transeuntes que passavam, sem, no entanto, prestar-lhes a mínima atenção, pensando tristemente no que acabava de ler.

Em Londres, tratava-se muito, era certo, de investigações supranormais. Muitos clubes dedicados às experiências do Psiquismo, escritórios, grupos particulares, domésticos, institutos e grêmios de estudos e experiências sobre a insigne questão existiam ali, frequentados por uma elite intelectual cuja finalidade era a aquisição da verdade científica-espiritual. Durante alguns dias, pensei sistematicamente no relatório de Várvara Dimitrievna. Preocupava-me o fato de que o relatório em apreço era assaz incompleto. Revelava apenas o efeito de uma causa, e não a lógica da moral que forçosamente deveria existir atrás daquele drama. Por que aquela intolerável, absurda separação entre duas almas que se adoravam? Deus, então, era tão severo em suas punições? Pois o amor, então, não era sua lei? Por que o destino dera à pobre Varienka a sorte de amar e ser amada por um ser incorpóreo, primeiramente, e depois por esse mesmo ser transformado em homem, mas ironicamente mais moço do que ela vinte e quatro anos, fato que de qualquer forma os separava, impedindo a união matrimonial, pois essa singular mulher possuía personalidade bastante para não se expor a tal disparidade conjugal, ainda que o seu amado pudesse superá-la? Por que um amor tão vivo e apaixonado, sem que os seus coparticipantes jamais se tivessem avistado? Seriam exatas as explicações apresentadas pela insigne discípula do Psiquismo?

Eu tinha o direito de algo tentar para investigar o assunto, pois era movido por sincero desejo de esclarecimentos, precisava escrever o fato para o grande público e não poderia fazê-lo sem que realmente me apossasse deles. Preparei, portanto, uma sessão de experimentações, auxiliado por um mediador de inteira confiança, cujos poderes supranormais eram consideráveis, e pedi ao fantasma Várvara Dimitrievna que concordasse em me satisfazer as investigações, em nome da verdade e do amor.

Fui bem-sucedido nas minhas pretensões, logo no terceiro dia de expectativa. A entidade desencarnada Várvara Dimitrievna tornou-se presente, identificou-se com certeza e satisfez minhas indagações. Achavam-se no gabinete de experimentações apenas o médium, dois técnicos espiritistas e eu. O silêncio era completo, visto que já haviam soado as dez horas da noite. O gabinete, parcamente iluminado por uma discreta lâmpada, facilitava a operação, e, então, estabeleceu-se esta conversação:

Sublimação

— Li o relatório dos acontecimentos a respeito de ti mesma, da entidade espiritual Yvan Yvanovitch e do médico polonês Frederyk Kowalski — disse eu. — Comoveu-me profundamente essa história de amor sublimado pelo sofrimento. Mas quisera algo saber ainda de mais positivo, para que o comentário literário que dela farei para o público seja o mais completo possível. Estás disposta, ou podes atender-me?

E a entidade respondeu:

— Fala, conde Filipe Filipovitch, responderei o que o amor e a razão permitirem.

— Perguntarei, pois, agradecido à tua gentileza. Dize-me: o médico polonês era, com efeito, a reencarnação daquela inteligência desencarnada Yvan Yvanovitch, que afirmava ter sido médico na região do Ural[29] e teu esposo, durante outra existência terrestre que tivestes? Essa presunção não seria ilusão da tua mente fanatizada pela meditação, ou do teu temperamento sentimental por excelência?

A personagem do outro mundo pareceu vacilar, como se consultasse alguém que se mantivesse ao seu lado, mas, depois, respondeu resoluta:

— Não, não foi fanatismo da minha mente dedicada ao estudo nem pendor sentimental do meu caráter, porque o médico polonês realmente existiu, era um homem carnal e, não obstante jamais me conhecer pessoalmente, amou-me com a devoção característica de Yvan Yvanovitch, sem nunca ter ouvido falar na existência deste... Sim, agora eu sei com a máxima certeza: o médico de Varsóvia foi a reencarnação do esposo que eu deveria ter amado e honrado numa passada existência. Eu o sabia, nunca duvidei e hoje tenho certeza absoluta.

— Onde se passou a existência que tivestes juntos?

---
[29] N.E.: Rússia.

— Numa longínqua e pequena cidade do Ural. Então, ele era um médico humanitário, como ainda ontem o foi também, em Varsóvia.

— Tu, Várvara Dimitrievna, que agora abranges um maior raio panorâmico do passado, poderás informar melhor sobre a verdadeira razão de terdes ficado separados na atualidade, submetidos a um destino comovedor, senão irritante, que desafiou possibilidades de uma aproximação pessoal?

— Foi uma punição da lei da Criação, que agiu como o efeito de uma causa: fali outrora como esposa, ultrajando a lei do amor no matrimônio, como adúltera que fui; ele faliu como suicida, ultrajando a lei da natureza, que proíbe a criatura de insurgir-se contra as determinações do Criador. Éramos dois réprobos que não merecíamos a tranquilidade do amor satisfeito. Nossa separação, determinada pelo efeito de uma causa ingrata, por nós mesmos criada, constituiu áspera lição para nós ambos: a mim ela feriu com a falta de um lar constituído pela dedicação de um companheiro amoroso e bom, que me auxiliasse na marcha terrena do progresso, culminando com o nosso reencontro a distância, sem possibilidade de aproximação pessoal; a ele feriu porque, amando-me como outrora, realmente viu-se obrigado a viver sem minha presença a seu lado, fato a que não se submeteu quando viveu sob a personalidade de Yvan Yvanovitch, preferindo a isso o suicídio.

— Podes dizer-me, Várvara Dimitrievna, se a punição findou agora ou se continuais separados, avançando isoladamente pela vida de Além-túmulo?

— Oh, não! Agora tudo mudou! Sofremos com resignação e humildade a dramática consequência do erro que cometemos no passado. Nosso amor sublimou-se pela humilhação da dor e da saudade... e, agora, tendo vencido a nós próprios, ou seja, as paixões desordenadas que nos infelicitaram, reunimo-nos para sempre, atraídos um para o outro pela irresistível lei de afinidade que tudo regula e equilibra na vida espiritual.

— Sois, portanto, felizes?

— Muito felizes, encantados pelas sublimes venturas que o verdadeiro amor permite àqueles que o sentem na vida do Espírito. Os longos sofrimentos suportados após os erros cometidos, a experiência dolorosa da separação, quando o nosso sentimento continuava intenso, valeram para a solidificação integral do mesmo sentimento, que desde séculos passados nos vem unindo muitas vezes, num intenso vaivém de dores e alegrias...

— E a disparidade das vossas idades, na existência agora finda?

— Desapareceu! Somos Espíritos normais, possuímos forças vibratórias mentais capazes de nos apresentar com a figuração plástica espiritual que bem desejarmos. Desejamos agora ser belos e jovens como o éramos quando fomos esposos... e somos!

— Estás só, aqui, nesta reunião, ou...

— Sim, meu doce correspondente de Varsóvia está presente, nunca nos separamos...

— Quisera fazer-te agora a última pergunta, minha querida Várvara Dimitrievna...

— Faze-a, conde Filipe Filipovitch.

— ...Mas receio desgostar-te...

— Bem sei o que desejas saber, leio o teu pensamento... Mas faze a pergunta, faze...

— Se o amavas tanto, ao teu esposo de outras migrações terrestres, por que o atraiçoaste?

— A mulher, muitas vezes, perde-se pelo excesso de vaidade, de orgulho, de ociosidade, de liberdade, de sentimentalismo doentio, de ignorância, de descrença em Deus, de desrespeito à família e a si própria... e atira-se no abismo de situações vexatórias para o seu Espírito, das quais só os séculos conseguirão arredá-la. Coração frágil e amoroso, sensibiliza-se facilmente com ilusões passageiras e, com o seu coração discricionário por natureza, prejudica-se e desgraça, muitas vezes, aqueles que mais a amam e aos que ela própria mais ama...

— Foste, então, integralmente perdoada pelo teu esposo do passado?

— Como não havia de ser? Não é essa a Lei de Deus? Ele me quer com um sentimento imortal, e o Apóstolo[30] não proclamou que o amor é paciente e perdoador?

— E... Várvara Dimitrievna, minha querida irmã e amiga... o outro?... O amante... Aquele que te desgraçou e ao teu amado, o causador do drama intenso que acabo de conhecer. Que é feito dele?

Novamente o fantasma bem-amado, por seu mediador, pareceu indeciso, mas, em seguida, num hausto profundo, como num lamento penoso, exclamou baixinho:

— Consulta antes o teu próprio coração, as tuas intuições, conde Filipe Filipovitch, e o encontrarás... Não foi em vão, meu pobre amigo, que foste tu o escolhido pela lei de reparação para escrever este tema singular para o grande público...

Baixei a fronte, humilhado, certo de que fora eu mesmo o infame agente do drama aqui descrito, e encerrei a sessão por entre lágrimas.

---

[30] N.E.: Paulo de Tarso.

X

Acabo de escrever à doutora Natacha Anna Pavlovna a seguinte carta:

"Minha excelente senhora:

Cumpri o desejo de Vossa Excelência, escrevi para o grande público a história do *Amor imortal* que vem unindo dois corações através dos séculos. Nada inventei, nada alterei, apenas narrei o que Várvara Dimitrievna expôs. Em verdade, não fui eu que escrevi a história, mas Várvara Dimitrievna, aquela alma ardente e singular, que a soube viver intensamente. Hoje à tarde levarei os originais para o seu erudito exame... e aceitarei das suas mãos generosas uma xícara de chá quente com torradinhas amanteigadas, se Vossa Excelência me conceder a honra de oferecer-mas durante a visita.

Seu dedicado servo e admirador,

FILIPE FILIPOVITCH, CONDE"

3

Destinos sublimes

Léon Tolstoi

As tribulações podem ser impostas a Espíritos endurecidos, ou extremamente ignorantes, para levá-los a fazer uma escolha com conhecimento de causa. Os Espíritos penitentes, porém, desejosos de reparar o mal que hajam feito e de proceder melhor, esses as escolhem livremente. Tal o caso de um que, havendo desempenhado mal sua tarefa, pede lha deixem recomeçar, para não perder o fruto de seu trabalho. As tribulações, portanto, são, ao mesmo tempo, expiações do passado, que recebe nelas o merecido castigo, e provas com relação ao futuro, que elas preparam. Rendamos graças a Deus, que, em sua bondade, faculta ao homem reparar seus erros e não o condena irrevogavelmente por uma primeira falta.[31]

---

[31] KARDEC, Allan. *O evangelho segundo o espiritismo*, cap. V, it. 8.

I

Não muito longe de V..., destacava-se um agrupamento de casas pobres e plantações profusas, dominadas pelo vulto de outra casa maior, benfeita em madeira e muito ampla, a que chamavam Mansão dos Lilaseiros. Era a aldeia de K..., perdida na região das fronteiras do Cáucaso, singela e poética tal o presépio legítimo, só enfeitado pelo esplendor da Natureza. Em V... permaneci durante cerca de quatro anos, integrado nas forças militares russas que patrulhavam as fronteiras, mantendo os indígenas caucasianos aquietados nos seus *auis*,[32] quando das tentativas para submetê-los ao governo de toda a Rússia.

A aldeia de K... fora erguida em território russo, mas se avizinhava tanto das montanhas caucasianas que, num dia de eventual perseguição a um ainda mais eventual criminoso, este poderia, facilmente, eclipsar-se entre as árvores das florestas e buscar esconderijo entre os nativos dos *auis*, ou aldeias, do Cáucaso.

Durante o tempo que ali servi como oficial de uma das companhias das forças do gracioso tzar Alexandre II,[33] travei conhecimento com um homem singular e, ao cabo de alguns meses de solidão e insipidez, durante os quais o visitei sempre que foi possível, tornei-me seu comensal assíduo, enquanto uma leal estima se firmou entre nós, unindo-nos com elos de espontânea fraternidade. Ele justamente residia na pequena aldeia de K... e era o proprietário habitante da Mansão dos Lilaseiros. Chamava-se Andrzej[34] Semionovitch, ou pelo menos dizia chamar-se assim, pois a verdade era que ninguém tinha a pretensão de conhecê-lo bem, e o local era tão deserto e distante do resto do mundo que os indivíduos que se encontravam por ali, sedentos de convivência humana, não

---

[32] N.E.: Plural de *aul*, termo tártaro, que significa aldeia. As populações do Cáucaso só foram submetidas à Rússia em 1864.
[33] N.E.: Imperador da Rússia de 1855 a 1881.
[34] N.E.: Nome próprio polonês. Pronuncia-se *Ândjei* (André).

Sublimação

se lembravam de averiguar identidades de quem quer que fosse, antes dando graças a Deus por encontrar com quem trocar ideias.

Quando o conheci, contava ele já cerca de 50 anos, talvez um pouco mais, embora aparentasse contar 60, e vestia-se estranhamente, com umas calças muito largas, de pano grosseiro, preto, contidas por umas botas que lhe batiam pelo meio das tíbias, e uma túnica também estranhamente larga e igualmente preta, ajustada na cintura por um cinto da mesma fazenda, o qual ele atava com desleixo, destituído de qualquer vaidade. À cabeça usava uma espécie de touca do mesmo tecido preto, ou, mais acertadamente, um lenço amarrado em feitio de touca, ou turbante. Tinha cabelos compridos e uma barba que lhe batia pelo peito, ambos já grisalhos. O aspecto desse Andrzej Semionovitch era, portanto, sombrio, nada tendo de bonito, apesar de tão enfeitado com as roupas, a touca (ou turbante), a barba e os cabelos.

Por esse tempo, há mais de um século, era costume os grandes vultos da sociedade russa se exilarem, temporariamente ou não, para recantos longínquos do país, e ali viverem humildemente, como monges ou ermitões, cultivando pequena lavoura, criando cabras e galináceos, orando pela conversão dos pecadores e praticando o bem que fosse possível. Tal exílio, ao que parece, seria penitência ou iniciação, porque muitos desses vultos depois iam para o Oriente em peregrinação, ou entravam para os conventos, para se ordenarem religiosos. Andrzej Semionovitch era desses vultos, embora se ignorasse se seria ou não ilustre, com a diferença, porém, de não ter pensado jamais em se transformar num *pope* e de ali se encontrar havia vinte anos, e de ainda criar cavalos, além das cabras e dos galináceos, vendendo-os bem a quem lhos quisesse comprar, fossem russos, caucasianos ou tártaros. No entanto, e apesar da sua esquisitice, ao se privar da sua convivência, ou mesmo apenas observando-se o seu modo de viver, na sua pessoa encontrar-se-iam belezas inestimáveis, plenas de atração e encanto. Notava-se-lhe, todavia, que não dispunha de grande cultura intelectual, mas sua conversação era atraente e variada, embora falasse pouco, e seus modos eram tão doces, sua voz tão grave e envolvente, que, sem querer, o interlocutor prendia-se à sua palavra, sem o mínimo constrangimento. Possuía, como dissemos, magníficos cavalos, os quais cavalgava com tanta destreza e mestria, fazendo tantas piruetas nas provas hípicas que para si mesmo e os vizinhos inventava, que causava admiração aos próprios cavaleiros das companhias russas, os quais lhe encontravam parecenças com as proezas dos cossacos do Don.

Andrzej era russo e grandemente estimado na região, e até mesmo o comandante do forte e seu ajudante de ordens visitavam sua casa e ceavam com ele um domingo ou outro. Dizia ser só no mundo, não ter família e nunca ter sido amado por nenhum coração deste mundo. "Só os cães e os cavalos me amam", costumava dizer, e, nessas ocasiões, observava-se nele certo nervosismo, certa mágoa em suas atitudes. E, com efeito, possuía também vinte e cinco cães, os quais viviam atrás dele como se fossem crianças, ou se deitavam a seus pés, se ele lhes permitisse o favor. Era solteiro, mas com a particularidade de haver transformado a sua casa num albergue para viajantes, num abrigo para velhos e num orfanato para crianças. Ele próprio dirigia tudo e educava as crianças (conheci ali doze órfãos, que eram criados por ele), tratava dos velhos e cozinhava para todos, quando não havia quem o fizesse, e fazia muito bem a sopa de couves e nabos, e cabrito assado no azeite com castanhas. Jamais se irritava contra esses hóspedes singulares. Diziam os vizinhos que tanta amenidade seria indiferença pela vida, desgosto inconsolável, mas não virtude. Os hóspedes, porém, afirmavam tratar-se de santidade, pois Andrzej Semionovitch seria um apóstolo disfarçado em rude camponês, para consolar ciganos, caucasianos sofredores e até tártaros, pois não alimentava preconceitos, coisa que muito havia por aquelas terras. Sua casa era ampla e, não obstante construída em madeira, era bonita e confortável, pintada de azul, com lareiras, escritório, dormitórios para as crianças, para os velhos e os peregrinos, e janelas enfeitadas com cortinas brancas. As ciganas e as mulheres dos soldados costumavam ajudá-lo nos serviços da sua hospedaria santa. Pediam-lhe a bênção e ele as abençoava, dizendo: "É Deus que abençoa, não eu." Mas raramente se permitia conversações com elas. Muitas vezes, eu mesmo o auxiliei no trato às crianças, pois admirava sua abnegação, sem, contudo, compreendê-lo. E até as damas russas, esposas dos oficiais aquartelados no Forte, costumavam visitá-lo se alguma criança adoecia, quando iam em visita a seus maridos. Eu gostava de observar Andrzej Semionovitch, intrigado com o seu modo de viver, e descobri que no jardim havia um grande lilaseiro e junto dele um banquinho azul construído em réguas de madeira, parecendo tratar-se de um móvel rústico para crianças. Além desse, outros lilaseiros havia por toda parte, e, quando floresciam, o ar tornava-se perfumado de tal forma que era encantador penetrar naquela região. Diariamente, ao anoitecer, ele ali se sentava, baixava a cabeça, cruzava as mãos e, com os braços apoiados nos próprios joelhos e nelas apoiando a fronte, punha-se a meditar, e talvez até orasse. Todos respeitavam tais momentos, eu inclusive, não se atrevendo ninguém a interrogá-lo, e jamais o interrompendo. Os velhos afirmavam que ele trazia um grande desgosto íntimo, o qual só fora dominado, sem desesperá-lo, em virtude do grande respeito a Deus que o animava. Mas o certo era que ele jamais se queixara de algum dissabor sofrido, a quem quer que fosse.

II

Ao entrar o verão de 1860 ficou esclarecido, pelo menos para mim, o enigma que envolvia a vida de Andrzej Semionovitch.

O verão daquele ano chegara mais cedo do que se esperava. No dia aqui lembrado fizera sol, embora pálido, na aldeia de K..., e um ar tranquilo, embalsamado do olor das rosas, de mistura com o dos pinheiros e dos lilaseiros, envolvera as cercanias. À tarde, com o céu ainda azul e tranquilo, Andrzej sentara-se na grama do jardim, satisfeito e risonho, o que não era frequente acontecer. Logo se lhe juntaram os cães (porque eles se adiantam sempre às pessoas, à procura do dono), as crianças, em seguida, e depois os velhos. As cabras baliam por ali e acolá, pastando num pradozinho contíguo à casa, acompanhadas de Tânia, a guardadora, que já pensava em recolhê-las ao aprisco, mas os cavalos relinchavam de satisfação um pouco mais longe, na orla do bosque, ardorosos sob a tepidez da tarde, que lhes permitia liberdade até o último rubor do Sol.

A casa de Andrzej Semionovitch assentava-se numa elevação, o que permitia avistar-se a estrada real, que riscava a estepe, lá embaixo. Depois, essa estrada, começando a subir, encobria-se nas curvas da colina, para reaparecer de novo, repentinamente, à frente do jardim.

Os lilaseiros recendiam perfumes penetrantes e dir-se-ia que sublime unção celeste atingia o íntimo das criaturas que viviam docemente irmanadas naquela residência amável. Eu passara ali parte do dia, visto ser também o da minha folga, e, desejando evitar os perigos da boêmia do quartel, que me convidava ao jogo e à *vodka*, procurei a companhia daquele amigo e a sua corte de crianças e de velhos, cuja convivência seria favorável aos meus desejos de paz. Sentei-me a seu lado, sobre a grama, e nos pusemos a conversar:

— Nunca tiveste saudades da Rússia, Andrzej Semionovitch? Ou melhor, de São Petersburgo, de Moscou, da civilização, enfim, dos amigos, permanecendo isolado há tantos anos nestas fronteiras do Cáucaso? — perguntei, para começar.

Notei que seus olhos pestanejaram mais ligeiramente do que o habitual e que ele, baixando-os e arrancando distraidamente uns talozinhos de grama, e mordendo-os, falou, como se não falasse senão para si próprio, pensando em voz alta:

— Sim, tenho, capitão Nowak, tenho... apesar do muito que a civilização me fez sofrer...

Não sei se a tepidez contagiante da tarde influíra nos nervos sempre comprimidos do estranho protetor de velhos e crianças, porque, com esse início de conversação e sem que eu, absolutamente, o esperasse, ele abriu o coração em confidências para mim, logo em seguida. Talvez o

Sublimação

seu coração ansiasse mesmo por se expandir um pouco, depois de vinte anos de silêncio e opressão, durante os quais nem uma queixa e nem um desabafo de íntima revolta escapara-se dos seus lábios para revelar sua tão simples, mas também tão comum e dramática história. O que sei é que ele tudo me confessou ali mesmo, sentado na grama do jardim e mordiscando aqueles talozinhos tenros, com a sua voz doce e grave, que ele preferira baixar um pouco mais, quando as crianças algazarravam, brincando com os cães, em derredor, os velhos riam e batiam palmas a cada nova proeza dos mesmos, crianças e cães, as cabras, bem perto, baliam e os cavalos, mais longe, relinchavam ardorosos.

— Por que então não visitas, de vez em quando, as nossas boas cidades, revendo a civilização? — perguntei, observando que ele ansiava por se abrir.

— Porque a civilização não me quis, as boas cidades, como dizes, expulsaram-me do seu seio... Já te disse, creio, capitão Nowak, que nunca fui amado por ninguém?... isto é, quero dizer, creio que fui amado, mas...

Fitei-o interrogativo, e ele, correspondendo ao meu olhar, mas com expressão quase desvairada, num impulso talvez incontrolável, prosseguiu:

— Bem... Eu, em verdade, não existo mais, Alexis Nowak, e por isso não me poderia apresentar a nenhum amigo, se ainda possuísse algum dos velhos tempos. Morri há vinte e cinco anos, para este mundo de controvérsias e hostilidades, para ressurgir dos meus próprios destroços e continuar vivendo para Deus, com normas diferentes daquelas que foram sepultadas comigo. Eu não me chamo Andrzej Semionovitch, meu nome era outro... Chamava-me Anatole Mikechine... Mas agora chamo-me, realmente, Andrzej Semionovitch. Como queres, então, que eu retorne aos locais em que fui conhecido?

Continuei fitando-o. Ele arrancava os talozinhos de grama, ora apenas um ou dois, ora aos punhados, e jogava-os fora, mas depois arrancava outro, só um, para mordiscar entre os dentes. E, de repente, falou...

III

— O que aconteceu foi apenas isto:

"Eu era oficial de cossacos e servia como ajudante do general Olaf Golovin-Kriestrovsky, do qual era muito estimado e de quem, por isso mesmo, recebia muitas demonstrações de apreço e proteção. Costumava ele dizer-me: 'Arranjar-te-ei um meio de cursar a Escola Superior e serás ainda um grande militar e servidor da pátria. É pena que não tragas um título de nobreza. Se o trouxesses, entrarias para o Corpo de Pajens e nada mais seria necessário. Mas, servindo em algum local distante ou perigoso, numa expedição arriscada, por exemplo, não será difícil obteres concessões do Imperador e atingir situação elevada em suas forças, uma vez que podes contar com a minha proteção.'

"Eu me envaidecia com tais demonstrações de simpatia, acreditava sinceramente na boa vontade do meu ilustre protetor, longe de imaginar, no entanto, que o general assim se expressava observando apenas o costume social da época, que ditava a moda dos excessos de expressões amáveis, por toda parte. Além de general, o meu protetor era também conde Golovin-Kriestrovsky, muito rico e bem relacionado, mantendo intimidade até no Palácio Imperial, pois a verdade era que, semanalmente, ceava com a Imperatriz e demais pessoas chegadas ao trono. Possuía três filhos: Ygor Fiodor Golovin-Kriestrovsky, o mais velho; Piotre Golovin, jovem que servia no Corpo de Pajens, orgulhoso e ambicioso por uma posição superior na Corte, e Isabela Golovina Kriestrovskaia, linda menina de 17 anos, quando tive a desventura de conhecê-la. Eu era mestre de equitação de vários jovens e várias meninas da nobreza, não obstante ser também jovem, e o conde Ygor, que não era militar e desejava seguir a carreira diplomática, sendo, por isso mesmo, muito criticado pelos pais e pelo irmão, requereu meus préstimos de cavaleiro, e comecei a orientá-lo no hipismo, o que fez com que nos tornássemos bons amigos e me fizesse íntimo da casa. A esposa do general, porém, Anna Kriestrovna, era hostil, tratando-me com sobranceria e má vontade, jamais me estendeu a mão para um cumprimento, limitando-se a corresponder à minha vênia com um ligeiro aceno de cabeça, pois não suportava a presença de cossacos em sua casa. Muitas vezes sentei-me à mesa do conde Kriestrovsky, mesmo em dias de recepção, pois a minha qualidade de oficial de cossacos, embora sem nobreza, despertava interesse nos convivas que apreciavam o hipismo, dispensando deferências aos destros cavaleiros em que todos reconheciam valor de armas e perícia na arte hípica. Em ocasiões tais, ou seja, quando me convidavam à mesa, a condessa discretamente negava-se a tomar parte nas palestras durante a refeição, mantendo-se taciturna, e, se não havia convidados, nem mesmo, muitas vezes, se sentava à mesa, desculpando-se com enxaquecas. Ela desprezava-me por eu não possuir nobreza e por ser cossaco, embora fosse russo legítimo.

"Tudo corria bem, eu cria nas promessas do general, notando, porém, algo alarmado interiormente, que ele não se apressava a tentar o lugar prometido para a minha promoção, e cria também na estima de Ygor Fiodor Golovin-Kriestrovsky e de Piotre Golovin, quando houve a grande competição hípica que me fez triunfar sobre os mais famosos cavaleiros da Rússia. Meu nome foi aclamado por todas as vozes, no prado dos exercícios, e naquela tarde obtive até mesmo beijos e presentes de ilustres damas chegadas à própria Corte. Eu, porém, só realmente me alegrava com as felicitações de Isabela Golovina Kriestrovskaia, a qual me presenteara com a rosa que ornava o corpete do seu lindo vestido azul e o colar de ouro que lhe cingia o pescocinho branco e flexível. Nessa tarde, ai de mim! compreendi que estava enamorado dela e que era correspondido com veemência, pois seus olhos mo revelaram no momento em que me oferecia as preciosas dádivas da sua admiração pelo meu sucesso hípico, dizendo:

"– Agora, dá-me um objeto teu, Anatole Mikechine, como recordação deste dia inesquecível...

"Mas eu nada trazia comigo que considerasse bastante digno dela e ela, vendo-me surpreso e indeciso, arrebatou de minhas mãos o meu *nagaika*³⁵ e, sorrindo, apertou-o de encontro ao peito, como se se tratasse de um troféu.

"A partir desse dia, Isabela Golovina e eu começamos realmente a amar-nos com um sentimento misto de ardência humana e angelitude, amor que, pela sua grande sinceridade, poderia tornar-nos o par mais ditoso do mundo, mas que, em verdade, trouxe para nós ambos nada mais do que amarguras irreparáveis. Embalado pelo arrebatamento de amar e ser amado, alimentei sonhos insensatos de aliança matrimonial com os orgulhosos Kriestrovsky, teci projetos temerários, conservei esperanças que não passavam de ilusão, crendo, com a sinceridade que me dominava o coração, que meu amor seria aprovado e respeitado por toda a família de Isabela Golovina e a sociedade russa, desatento à realidade dolorosa de que jamais um pequeno oficial de cossacos, sem nobreza, sem fortuna e sem boas perspectivas futuras, seria aceito como pretendente à aliança matrimonial com uma família de príncipes, condes e generais, que se orgulhavam da intimidade com a própria família imperial. Por sua vez, Isabela, muito jovem ainda e amando pela primeira vez, mostrava-se feliz e animava-me a cortejá-la, mesmo em presença dos pais, o que eu evitava fazer, temendo justamente as represálias que mais tarde chegaram.

"Nos jardins do Palácio Kriestrovsky, em São Petersburgo, havia um magnífico lilaseiro cujo perfume inebriante, durante a primavera e o verão, era o encanto dos habitantes da casa. Sob suas galhadas, que dobravam em arcadas, havia um banquinho azul muito gracioso, mandado fazer, diziam, especialmente para Isabela quando menina, a qual gostava de ali se distrair em brincadeiras com os irmãos, em companhia de suas *nianias*.³⁶ Agora, porém, era ali que nos encontrávamos, por ser um recanto afastado da casa e discreto, ansiosos que sempre estávamos por alguns minutos de felicidade a sós, quando, então, nos entregávamos aos nossos sonhos de amor, programando as alegrias dos dias futuros que pretendíamos viver, uma

---

³⁵ N.E.: Pequeno chicote de couro, usado pelos cossacos.
³⁶ N.E.: Ama de crianças.

vez nos unindo em matrimônio. Ninguém nos surpreendera jamais durante os nossos inocentes colóquios, porque o jardim era grande e, após o chá, a condessa repousava para o jantar, e o general, em palestra com um e outro comensal ou detido no Palácio da Guerra, não nos prestava atenção. Os criados, esses sabiam de tudo, mas eram fiéis a Isabela e a mim, protegendo-nos sempre com sua vigilância..."

Eu prestava a máxima atenção naquela sentimental narrativa, percebendo, penalizado, a desventura advinda em seguida, cujo epílogo era aquela casa de abrigo para velhos e crianças e a própria narrativa que eu ouvia. Andrzej Semionovitch excitava-se, arrancando, agora com mais ímpeto, os talozinhos de grama e despedaçando-os entre os dentes, para cuspi-los longe, depois. A tarde caía e ele prosseguiu:

— Um dia, porém, quando já resolvêramos que nos atiraríamos aos pés do general, pedindo clemência para o nosso amor, um acontecimento terrível desbaratou nossas esperanças. Isabela Golovina fora pedida em casamento pelo príncipe Rudolph Nikolaievitch e fora o próprio Imperador que se dirigira ao conde Olaf Golovin para tratar do assunto, o que equivalia a uma ordem determinante, que não admitiria recusas. Aliás, o pretendente era da melhor categoria social e moral e o conde, para fazer justiça, somente teria de agradecer a ambos, o Imperador e o pretendente, a honra que a ele e a sua filha era concedida.

"Foi bem-aceita a ordenação, portanto, por ambos os esposos, mas Isabela revoltou-se contra a arbitrária imposição e, sem me consultar, e num momento de desespero, declarou aos pais que era a mim que ela amava, que não se uniria a outro homem, senão a mim, e que se arrojaria aos pés da Imperatriz pedindo clemência e proteção para o nosso amor, e sua intervenção junto ao seu imperial esposo para a nossa união. Tal atrevimento, num momento solene para a família, que justamente se reunira em conselho, e dava como resolvido o noivado e marcadas as festividades da participação oficial à sociedade, valeu à minha querida Golovina uma bofetada de sua mãe e severa repreensão do pai. Lavrou-se, então, grande confusão. Desesperada, Golovina deixou-se vencer por um ataque de nervos e adoeceu. Ygor Fiodor Golovin-Kriestrovsky foi incumbido pelo pai de me procurar para participar que, por ordem do general, eu estava proibido de continuar frequentando a sua casa e também despedido das lições de cavalaria. Mas não confessou a razão da singular resolução, e, por mais que eu o interrogasse, conservou-se silencioso quanto ao motivo, escudando-se no grande orgulho que era o característico dos Kriestrovsky. Somente dois dias depois, por uma carta de Isabela, inteirei-me do acontecimento, e podes avaliar, capitão Nowak, o que, então, se passou pela minha alma.

"O noivado de minha Isabela Golovina com o Príncipe fora oficialmente reconhecido. Nossos encontros, porém, sob o lilaseiro, ao cair do crepúsculo, continuaram como dantes, não mais com a mesma assiduidade, era certo, mas uma ou duas vezes por semana. Era temerário o que fazíamos, e, receando sermos surpreendidos, passamos a encontrar-nos um pouco mais tarde, após a ceia e depois que a casa silenciava. Algumas vezes, encontramo-nos mesmo durante a madrugada, auxiliados pela criada de quarto de Isabela e por um criado que se tomara de gratidão por mim, pelo fato de eu lhe haver dado umas lições equestres gratuitas, durante certo verão passado na residência rural do conde Golovin.

"Sofrendo aquela situação angustiosa para ambos, acabamos resolvendo que Isabela se dirigisse ao próprio noivo, confessando a repulsa que tal casamento lhe causava, o que infalivelmente o levaria a furtar-se ao matrimônio com ela. Com efeito, ela assim procedeu. Mas o príncipe Rudolph, que, em verdade, era excelente caráter, declarou que nada poderia fazer porque o casamento entre ambos fora resolução tomada pelo Imperador e as famílias Kriestrovsky e Oblonski, e que ele próprio, Rudolph Nikolaievitch Oblonski, aconselhava-a a guardar prudência e obediência, porque uma recusa ofenderia Sua Majestade e muitas coisas poderiam acontecer: os Kriestrovsky cairiam das suas boas graças e seriam repelidos por toda parte; represálias adviriam contra o cossaco que se atrevera a tão alta aspiração, e ela própria, Isabela Golovina

Kriestrovskaia, poderia ser detida num convento de religiosas e lá ficar por um espaço de tempo ao capricho do Imperador.

"O excelente Príncipe continuou, portanto, a sua cerimoniosa corte à linda prometida e nada confiou ao futuro sogro, como nada tentou contra minha pessoa, apenas aconselhando-me, por intermédio de um seu subalterno, a partir quanto antes para bem longe de São Petersburgo, em benefício de mim próprio e, acima de tudo, em benefício de Isabela Golovina.

IV

"Era com desespero que via aproximar-se o dia do casamento de minha Isabela. Eu não quisera atender ao conselho do príncipe Rudolph e continuara em São Petersburgo, sem serenidade para raciocinar sobre a situação e, portanto, cada vez mais apaixonado pela minha formosa prometida. Às vezes, porém, eu chegava até mesmo a odiar Isabela, entendendo que ela submetia-se com muita passividade ao casamento que lhe impunham. Quando a via de carruagem, ao lado da condessa e acompanhada pelo noivo, minha humilhação era tal e a revolta do meu coração tornava-se tão desesperadora que pensava em cometer desatinos, embriagava-me, promovia rixas com os companheiros e pensava mesmo em suicidar-me. Certa vez, cheguei a golpear os pulsos (e mostrou-me a cicatriz, arregaçando as largas mangas da túnica), mas socorreram-me a tempo, e de outra disparei a pistola contra mim mesmo, mas errei o alvo, que era o coração, e me feri apenas levemente. Sabedora dos meus desatinos, que a torturavam muito, Isabela Golovina suplicava-me serenidade e paciência, pois afirmava não perder a esperança na vitória do nosso amor, para um futuro remoto. E os encontros ao pé do lilaseiro, então, eram para mim mais queridos e ansiosamente esperados, entremeados, não obstante, de lágrimas e queixas do meu coração e de contraposições e esperanças de parte dela. Mas eu percebia que minha amada demorava-se menos tempo naqueles encontros e que, às vezes, nem mesmo comparecia a eles, fazendo-me esperar em vão até pela madrugada. Suas carícias agora já eram rápidas e assustadiças, não me permitindo fruir o encantamento antigo, que para mim representava a razão da vida. Roguei-lhe várias vezes que me fosse leal e confessasse se me deixara de amar em favor do noivo. Mas ela debulhava-se em pranto, repetindo apenas:

"— Amo-te sempre, meu pobre Anatole, mas, que havemos de fazer? Amo-te ainda e sempre, mas nosso amor é impossível neste mundo, somente no Céu poderemos ser felizes...

"Ora, eu possuía um irmão de armas, que comigo viera do governo do Don para o serviço militar nas tropas russas, o qual me estimava como jamais outro amigo me estimou. Chamava-se Andrzej Semionovitch e tudo vinha tentando, por aquela dramática ocasião, para me afastar de São Petersburgo, aconselhando-me a procurar alhures o esquecimento desse episódio infeliz de minha vida, a fim de adquirir paz. Propôs seguir comigo, isto é, solicitar do regimento nossa admissão no corpo das forças que serviam no Cáucaso, onde até mesmo poderíamos progredir, adquirindo melhor posto em nossa carreira militar. Compreendendo que nada conseguia, porque eu não concordava em me afastar de São Petersburgo, acabou por me propor:

"— Pois, então, raptemos a tua amada... Preparemos tudo e partamos para bem longe... para o Oriente, para qualquer parte que não seja a Rússia, onde vos podereis unir em matrimônio e ser felizes...

"Tão insensato alvitre teve o dom de reanimar minhas forças, trazendo-me serenidade: era uma esperança que fulgurava no fundo do abismo de um desespero de causa. Sem nada dizer a Isabela, sem sequer interrogá-la sobre sua vontade ou repulsa de seguir comigo para uma vida incerta, cuja única perspectiva seria o sacrifício, surpreendi-a com o rapto no primeiro encontro sob o lilaseiro, depois do meu entendimento com Andrzej Semionovitch. Retirei-a amordaçada e envolvida em um manto, pela madrugada, e, montando nossos velozes cavalos, Andrzej, eu e ela comigo, em meus braços, marchamos durante o resto da noite e parte do dia seguinte com destino ao Sueste, onde contava encontrar auxílio entre os nossos irmãos de raça cossaca para a desesperada empresa a que me arrojava. Mas não logrei êxito até o fim. Uma vez descoberto o acontecimento no Palácio Kriestrovsky, na manhã daquele mesmo dia, foram tomadas providências pelo conde Olaf Golovin e pelo príncipe Rudolph. O próprio Tzar, posto a par do desconcertante fato, fez mover tropas à nossa procura, e pelos quatro cantos da Rússia pelotões de cavaleiros, armados de carabinas, foram mandados para nossa detenção e a recuperação da jovem raptada, pois os criados do conde, nossos cúmplices, corroídos pelos remorsos da traição feita aos amos e temendo pela sorte da jovem ama, espontaneamente confessaram a própria participação nos nossos furtivos encontros, adiantando não terem dúvidas sobre a realidade de um rapto por mim promovido. E, com efeito, fomos detidos antes de chegarmos ao destino, quando novamente parávamos num posto de mudas para Isabela repousar durante algumas horas. Minha amada foi recuperada pelo próprio noivo, que se integrara naquele pelotão, e eu ainda passei pela vergonha da humilhação de vê-la suplicar a proteção do noivo contra mim, e que a levasse de retorno ao lar paterno, porque de modo algum desejava seguir-me naquelas condições, pois fora surpreendida pelo rapto nos jardins de sua própria casa, ao sair, durante a noite, para se alentar, sob o frescor do sereno, do nervosismo que a atormentava.

"Então, fui preso, como o meu pobre irmão de armas Andrzej Semionovitch. Mas por ordem do príncipe Rudolph, que tinha liberdade de ação naquele caso, concedida pelo próprio Imperador, não nos conduziram a nenhuma prisão de São Petersburgo. Ficamos em Moscou, onde, então, começou, realmente, o nosso calvário. Fomos ambos rebaixados do posto de oficial e condenados a sofrer mil chibatadas, as quais, no espaço de dois dias, foram reduzidas a quinhentas, por intervenção da própria Isabela Golovina, que suplicara ao noivo em meu favor, pois, afirmara ela, segundo eu soube mais tarde, eu assim agira por amá-la muito e encontrar-me em desespero de causa, e que eu a tratara com tanto cavalheirismo durante o rapto que deveria ser recompensado por isso; e, além do mais, de forma alguma desejava a minha desgraça.

"Em verdade, o castigo das chibatas não era considerado pena de morte, ou pena capital, mas o certo era que o infeliz condenado a tal suplício dificilmente resistiria a ele, como sabes. Para um cossaco, Alexis Nowak, era o supremo opróbrio, e nem era mesmo comum nós sofrermos tais afrontas. Passei, pois, pela vergonha da tortura das chibatas em praça pública, aplicadas pelos quinhentos soldados — eu, um cossaco! —, o que era ainda mais vergonhoso, enquanto Andrzej sofreu o mesmo na manhã seguinte. Uma vez recolhidos novamente à prisão, semimortos pelos ferimentos, fomos submetidos a tratamento, tendente à cicatrização das feridas, já que havíamos resistido ao suplício sem morrermos, pois nossas costas encontravam-se diláceradas, em carne viva, sangrentas, com sulcos profundos como talhos longos, os quais muito nos faziam sofrer. Mas nós éramos moços, e nossa organização vigorosa, nosso sangue forte e sadio resistiram bem ao martírio e nos sentimos recuperados, ao fim de dois meses.

"Entretanto, nossos irmãos de raça sentiram-se ofendidos pelo ultraje a nós outros infligido, e mais ofendidos se sentiam por não se tratar de uma causa militar, e sim particular, em que não caberia represália militar. Sentiram-se ofendidos e acorreram em nosso socorro. Visitaram-nos na prisão, aconselhando-nos indiferença e submissão e prometendo-nos seus valorosos préstimos para a nossa fuga. Que saíssemos para sempre da Rússia — aconselhavam eles — e nos retirássemos para o Cáucaso, ganhando o Turquestão e nos alongando depois pelo Oriente, até que ficássemos totalmente esquecidos pelas autoridades do nosso país. Porém, eu rejeitei o alvitre, ainda esperançado no futuro, e resignei-me ao presente. Isabela Golovina casou-se com o príncipe Rudolph nesse meio tempo, assim mo avisando ela própria alguns dias antes, pois, valendo-se de mil circunstâncias cautelosas, viera a Moscou e me visitar na prisão, despedindo-se de mim por entre lágrimas, ao passo que rogava o meu perdão, afirmando que jamais seria eu esquecido pelo seu coração. Abraçamo-nos ternamente e nos beijamos, como naqueles doces crepúsculos sob o lilaseiro, e até hoje, há vinte e cinco anos, nunca mais tornei a vê-la..."

Andrzej Semionovitch, isto é, Anatole Mikechine, a quem supunham chamar-se Andrzej Semionovitch, agora falava emocionadíssimo, arquejante. Já não mordiscava os talozinhos de grama; agarrava punhados deles e segurava-os com as mãos crispadas, sem arrancá-los. Tinha os olhos fixos no chão e sua voz agora tornava-se mais rouca e mais grave. De súbito, virou-se de costas para mim, arregaçou a túnica e mostrou-me o dorso nu, dizendo:

— Veja, capitão Nowak, a única herança que a civilização me concedeu: quinhentas chibatadas! Ultrajaram-me assim, quase me mataram. E por quê? Somente porque amei com fervor a uma mulher que não chegou a pertencer-me. Há vinte e cinco anos que isso se passou e ainda existem no meu corpo as marcas das chibatadas... E me perguntas por que não retorno às nossas boas cidades?... És militar e agora sabes de tudo. Se quiseres, poderás denunciar-me...

As cicatrizes brancas lá se conservavam, na sua pele muito alva, atestando a crueza do que teria sido o castigo. Nada encontrando bastante eloquente para expressar a minha penosa impressão diante do que ouvia, e não respondendo ao seu desafio para que o denunciasse, perguntei, para dizer qualquer coisa:

— Depois que vos recuperastes dos ferimentos fostes certamente libertados da prisão, ou desligados do cordão militar?

— Não, não fomos soltos nem desligados do cordão militar. Fomos deportados para a zona beligerante do Cáucaso, destituídos de regalias e rebaixados do posto que já havíamos conquistado, com ordem de nos colocarem nos postos mais avançados.

"Seguimos, com efeito, logo naqueles primeiros dias após nosso restabelecimento, para as regiões mais perigosas, sendo destacados para missões de reconhecimento e sentinela. Houve escaramuças pesadas e fomos feridos gravemente. Andrzej, ferido no abdômen, não tardou a morrer, e nem chegou mesmo a receber socorros, os quais tardaram muito. Mas, antes de silenciar para sempre, teve tempo de me recomendar o seguinte:

"— Somos desconhecidos aqui, Anatole Mikechine, chegamos há seis dias e nem os nossos nomes são ainda bem conhecidos no posto a que pertencemos. Em nossa tenda, encontrarás o meu baú de lata, no qual se encontram minhas pequenas economias. Não tenho mulher, nem filhos, nem pais, nem irmãos. Meu único irmão és tu mesmo. Fica com tudo o que é meu, antes que os soldados se apoderem do que há e se metam a bebedeiras com o que me pertencia...

"Procurei reanimá-lo o mais possível, banhando-lhe a fronte com a água do cantil e dando-lhe a beber alguns goles de *vodka*, que ele rejeitou, pedindo-me antes que o ajudasse a rezar para obter as bênçãos de Deus, pois ia morrer... E assim foi que, depois das orações ali improvisadas, silenciou, começou a arquejar fortemente e morreu sem ter recebido os socorros dos homens...

"Minha intenção, contudo, não era me apossar do nome dele, e sim ficar apenas com o que ele me havia oferecido antes de morrer. Mas quando o nosso oficial entrou na tenda e me viu também ferido e perguntou, chasqueando: 'Quem morreu foi o célebre raptor de donzelas ou o seu criado?', eu refleti rapidamente e achei prudente passar pelo meu pobre amigo Andrzej Semionovitch. Mas não o fiz por covardia, receando isto ou aquilo, mas por necessitar de paz para refletir e me reconciliar comigo mesmo. Acreditaram-me com facilidade, porque ali o que menos valor tinha era o nome de um cossaco, considerado selvagem e apenas admirado pela sua força pessoal e as suas proezas de cavaleiro.

Sublimação

"Desde então passei a chamar-me Andrzej Semionovitch e Anatole Mikechine foi considerado morto, e como tal sepultado. Ao me restabelecer do ferimento, tratei de estabelecer novas normas para o meu futuro e pensava continuadamente como deveria agir, a fim de me desligar da tropa, a que eu não mais queria servir. Eu sentia o coração mortalmente ferido, minha alma conservava-se inconsolável, e não seria na rudeza da vida militar que me haveria de moralmente recuperar. Dispus-me, portanto, a procurar meios de me libertar daquele cativeiro que não mais me atraía como noutros tempos. O meio foi a fuga. Fugi e me internei pelas florestas...

V

"Havia já dois anos que se verificara a minha desgraça e que vivia foragido de aldeia a aldeia. Depois de muito procurar socorro, ou um meio de me equilibrar novamente para a vida, encontrei um santo eremita cristão, de quem muito se falava nas aldeias por mim visitadas, o qual possuía grande bondade e vivia numa cabana tosca, entre os montanheses do Cáucaso, educando aqueles pobres nativos que só aceitavam o Deus de Maomé, e pedi-lhe que me instruísse convenientemente nas Santas Escrituras de Jesus Cristo, pois sentia-me exausto de viver para o mundo e os seus prazeres, e desejava renovar o coração para salvar a alma dos pecados que a perdiam. Dois anos ali passei, ao lado daquela alma de Deus, que me protegeu e consolou na desgraça. Eu desejava voltar a São Petersburgo para rever Isabela Golovina. Mas meu santo amigo convenceu-me a não tentar novas desgraças para mim próprio e, acima de tudo, que a respeitasse como esposa de outro homem, que agora era, pois eu próprio não desejaria para mim o que pretendia fazer a outrem. Como poderia eu iludir-me a ponto de julgar que Isabela se comprometeria perante a família e a sociedade, atendendo aos arrebatamentos de um cossaco? Em dois anos passados já seria mãe, teria esquecido o pobre mestre de cavalaria dos irmãos, não haveria dúvidas... O que entre nós ambos se passara fora sonho da juventude, nada mais... E aconselhou-me, então, a sublimar antes os anseios do meu coração, desviando o amor, de quem me era tão querida, para o amor de Deus e do próximo, e, ainda hoje, lembro-me de que dizia, ao cair do crepúsculo, quando eu chorava de saudades, recordando meus encontros com ela junto ao lilaseiro e minha vida honrada em São Petersburgo, dizia, à porta da cabana, afagando minha cabeça enterrada entre as mãos:

"— Se tudo isso aconteceu, Anatole, é porque o Senhor te chamou para os seus serviços, que são sublimes e confiados apenas aos que lhe inspiram confiança. Possuis o coração ardente e sincero, capaz de muito amar e se expandir. É desses que o Senhor precisa para o seu labor. Volta para o mundo, agora que já conheces a trilha da verdade eterna; perdoa as ofensas recebidas e procura esquecer aquele passado insensato, que te atormentou. Lamenta o orgulho daqueles que te ultrajaram, mas não tentes a vingança, porque se te vingasses incorrerias em falta maior que a deles, perdendo, então, os direitos à complacência do Céu. E imita antes os servidores do Cristo de Deus: protege o órfão, o velho e o enfermo, já que és moço e saudável. Defende o fraco e sê o defensor do oprimido, tu que conheces a opressão; defende a verdade e a justiça, sem jamais te comprazeres com a iniquidade, e abre tua alma francamente aos ósculos da inspiração divina, que aí encontrarás a paz que te há faltado. Quando nossos desejos não podem ser satisfeitos neste mundo, é que outros destinos mais sublimes nos aguardam, aqui mesmo ou no Além, para maior glória de Deus e sublimação da nossa alma, filha do Céu...

"— Mas... e Isabela, meu santo paizinho, então não a verei nunca mais, nunca mais? — perguntei, fiel à obsessão que me infelicitara, ainda alheio à necessidade de renunciar até mesmo à saudade que me dilacerava o coração. E o velho conselheiro respondeu:

"— Já que não podes esquecê-la, ama-a em silêncio, resignadamente, nos refolhos do teu coração, cultiva a saudade do passado amando os que sofrem ao pé de ti, e oferta o teu amor infeliz ao Cordeiro de Deus

Sublimação

imolado na cruz, porque também Ele amou sem ser amado. Ama a tua Isabela Golovina nos cabelos brancos de uma velhinha pobre e abandonada, a quem ninguém tolera por ser fraca, feia e infeliz; ama-a no sorriso triste de um órfão, que não será amado se algum coração nobre não se dilatar em generosidade para conceder-lhe o afago que lhe faltou com a perda daqueles que não puderam protegê-lo até o fim; ama-a nos gemidos de um enfermo, a quem socorrerás com o bálsamo da fraternidade, que o egoísmo do mundo te negou, e ama-a também até mesmo nos cuidados concedidos às plantas e aos animais, nunca te esquecendo de que Deus é amor, e pelo amor de Deus devemos amar a toda a Criação. Esse é o caminho que deverás seguir, o único que te convém, e não os caminhos que te levam a São Petersburgo. Para os corações que sofrem, como o teu, a tortura de um amor impossível, o recurso nobre é o amor a Deus e ao próximo. Qualquer outro, meu amigo, será ineficiente e duvidoso...

"Nas aldeias caucasianas e tártaras não existiam condições para o que eu necessitava tentar a fim de me renovar para os serviços do bem, serviços que, no fundo do meu coração, eu sentia que devia realizar quanto antes. Durante meus sonhos, dormindo numa esteira ao lado do meu bom conselheiro, sentia que minha alma era arrebatada para localidades aclaradas por um Sol desconhecido. Via achegar-se a mim um varão benfazejo, cujo semblante me era impossível fitar, e ouvia-o dizer muito fraternalmente, estendendo-me um lenço alvo, de cintilações imaculadas:

"— Recolhe neste lenço as tuas amarguras e começa vida nova, Anatole Mikechine. Não chores mais, não lamentes o passado, mas domina o presente e trabalha para o Cristo de Deus, que precisa dos teus préstimos junto daqueles que ainda são mais fracos do que tu. E verás que o trabalho da fraternidade, qualquer que ele seja, não só fortalecerá a tua alma como também consolará as decepções sofridas pelo coração...

"Eu despertava em lágrimas, contava ao meu conselheiro o que sucedia e ele respondia:

"— Deves partir e pôr mãos à obra. Teu sonho é a advertência dos Céus, a indicar o momento preciso que deverás aproveitar. Vai, pois, e o Céu te ajudará.

"Regressei então à Rússia, isto é, fixei-me nesta aldeia de K... e, com as economias deixadas pelo meu amigo Andrzej Semionovitch e também as minhas, pois eu sempre fora sóbrio de costumes, iniciei a obra que me fora aconselhada. À princípio lutei contra mil dificuldades, sem auxiliares que me acompanhassem nos esforços necessários, mas, com o tempo e a dedicação sem tréguas, que eu compreendi necessários, apareceram outros recursos e a obra firmou-se. Há vinte e cinco anos que deixei o mundo e vivo apenas para os meus queridos velhos, para quem sou o único arrimo no ocaso da vida, e para os meus amados órfãozinhos, que em mim reconhecem o amigo que substitui seus pais, que não mais existem sobre a Terra. Muitos dos meus velhos morreram em meus braços. Outros, os moços, se casaram e eu pude abençoar-lhes os esponsais, pensando em que, se eu mesmo não lograi esponsais com a mulher que amei, no entanto, tive a ventura de poder tornar muitos corações felizes ao pé de mim; se não possuí filhos do meu próprio matrimônio, que nunca se realizou, no entanto, Deus me confiou os filhos sem pais, para que eu os amasse como se fossem meus."

— E... conseguiu esquecer Isabela Golovina? — perguntei, para algo dizer e disfarçar a comoção que ameaçava fazer-me chorar.

Anatole demorou a responder, agarrou uns dois ou três talozinhos de grama, jogou-os fora, sem mordê-los, e respondeu:

— Como poderia esquecê-la, se foi o único amor que fez estremecer meu coração e eu era sincero? Aliei sua lembrança à minha obra de fraternidade e cultivo a saudade resignadamente, esperando um dia obter a graça do perdão de Deus para os meus pecados, que são muitos...

Uma criança caiu e chorou. Anatole largou a grama, levantou-se apressadamente, correu a socorrê-la e encaminhou-se para o interior da casa com ela nos braços. Lavou-lhe o rostinho suado, lavou-lhe as mãozinhas graciosas, de dedinhos curtos e gordos, e os pés maculados de poeira. Deitou-a no bercinho pobre, mas bem cuidado, e disse, como a própria mãe diria, carinhosamente:

— Fique aí muito quietinho, que o paizinho já te trará a papinha... Será preciso dormir, a noite vem chegando, os passarinhos já foram para os ninhos e os meninos bonitos também dormem cedo, nas suas caminhas, embalados pelos anjos do Céu...

De fato, a noite caía. Caía o crepúsculo. Um rouxinol já modulava sua doce melodia entre as tílias e os lilaseiros. Anatole voltou, entregou a mamadeira a seu pupilo e, nas pontas dos pés, retirou-se do dormitório e desceu os degrauzinhos de madeira, chegou ao jardim e se refugiou atrás dos lilaseiros. Achei-me no dever de esperar o menino terminar a sua refeição, a fim de tomar-lhe a mamadeira e agasalhá-lo, e, enquanto o contemplei sugando o alimento, despreocupado e feliz, pensei comigo mesmo, sentindo que uma lágrima enternecida corria-me pela face:

— Meu Deus, que estranho destino o deste homem! Por que tudo isso aconteceu? Como pôde acontecer? Afinal, que é a vida? Eu não compreendo...

VI

Permaneci em V... durante mais dois anos. A partir daquela tarde, no entanto, tornei-me mais amigo de Andrzej Semionovitch (continuei a tratá-lo assim), respeitei-o mais, já desencorajado de criticar o seu modo de vestir-se. Visitava-o com mais frequência e, contagiado por suas singulares maneiras de se conduzir na vida e amar os semelhantes, imitei-o. Com ele aprendi a amar aquelas crianças e aqueles velhos, e surpreendi-me muitas vezes nos serviços de *nianias* de crianças e de enfermagem da decrepitude. Com ele aprendi até mesmo a amar e proteger os animais e as plantas, e quantas vezes me apercebi de que despia a minha farda de oficial da cavalaria imperial russa para trajar a deselegante blusa do *mujik* e ir para o curral ordenhar as vacas, prover ração para os bezerros e lavar os cavalos! Para, depois, empunhar o regador de lata e irrigar as hortaliças! Confesso que eu me sentiria bem se para sempre me pudesse reter naquele solo do Cáucaso, sob a proteção daquele oásis de amor e paciência que eu contemplava! Aquele recanto da Rússia, para mim, dir-se-ia uma nesga do paraíso terrestre, que os homens haviam esquecido de corromper com as más ações e que, por isso, continuava com a vida pura e inofensiva dos primeiros tempos da Criação, segundo a formosa lenda esotérica da *Bíblia*. Mas um soldado não é senhor de si e chegou o dia em que me foi preciso deixar a aldeia, o forte onde me aquartelara, a tranquilidade paradisíaca de K..., a fim de regressar a São Petersburgo.

Abracei Andrzej Semionovitch em lágrimas e por muito tempo ambos permanecemos abraçados, misturando nosso pranto. Abençoei aquelas crianças, em quem tantas vezes eu dera o banho da manhã e a papinha da tarde, e, por minha vez, curvei-me ante aqueles velhos de cabecinhas nevadas e pedi a sua bênção desfeito em lágrimas. Parti para nunca mais voltar ali, porque, ao contato do burburinho pesado do mundo, o coração depressa esquece as suaves nuanças do Céu. E, a cavalo, com a minha companhia de cavaleiros, ia acenando com o lenço, de vez em quando voltando-me para trás enquanto me afastava, observando que, do alto da colinazinha coroada de belas árvores e cheirosos lilaseiros, Andrzej e sua formosa corte de pupilos lá estavam, retribuindo aos meus acenos, enquanto os cães ladravam como demonstrando que também eles haviam compreendido. Depois, tudo se confundiu nas brumas da estepe. A distância era grande e nada mais vi. Então, precipitei a marcha para que os meus cavaleiros não me vissem chorar.

E nunca mais soube de Andrzej Semionovitch.

Sublimação

VII

Esse episódio da minha vida passou-se na segunda metade do século XIX, sendo eu ainda bastante jovem. Talvez eu o tivesse esquecido para sempre, nas profundezas dos meus arquivos conscienciais, se logo depois do meu trespasse para a vida do Espírito não me fora dada a honra e a felicidade de ser visitado por Andrzej Semionovitch, ou melhor, pelo meu amigo Anatole Mikechine, seu verdadeiro nome, em minha estância de Além-túmulo. Demorei a reconhecê-lo, tão transformado estava, e pode-se mesmo dizer que só o reconheci pela natureza das suas vibrações pessoais, que acordaram em meu ser recordações adormecidas do passado, para que eu revisse o panorama da aldeia perdida na solidão do Cáucaso, com a Mansão dos Lilaseiros. Andrzej mostrava-se belo, rejuvenescido e sorridente: linda cabeleira, ondulante como seria a de Apolo,[37] ostentando roupagens lucilantes, de vibrações encantadoras; tive a impressão de que me deparava com um ser angélico, que me concedia a caridade da sua visita durante um sonho. Finalmente, reconheci-o e atirei-me em seus braços, banhado em lágrimas, porque o panorama das minhas recordações, a respeito dele, parou exatamente naquele dia da minha partida, o que, naturalmente, numa sensação do retrospecto, me fez repetir a cena da comoção da antiga despedida. E, depois de alguma indecisão, contou-me ele o resto da sua última peregrinação terrena e consequente entrada no Além, começando a narrativa justamente depois que o deixei na aldeia de K... para voltar à civilização. Eis o que ele disse:

— Vivi ainda vinte anos, depois da tua partida, meu caro Alexis Nowak, sempre nas mesmas condições: entre o amor das minhas crianças, que se sucediam umas às outras à proporção que as mais antigas se tornavam adultas, e os meus avozinhos e avozinhas, que também se sucediam, à proporção que os mais velhos regressavam à vida do Espírito. Muitas vezes chorei de saudades tuas e orei por ti, ao cair do crepúsculo, sob o dulçor dos lilaseiros... pois foste o mais terno amigo que logrei

---
[37] N.E.: Deus da beleza, da perfeição, da harmonia, do equilíbrio e da razão.

encontrar depois do meu querido Andrzej Semionovitch, de quem usei o nome durante tantos anos...

— Sob o dulçor dos lilaseiros, dizes? Mas... dos lilaseiros?... — perguntei surpreendido, pois sempre julgara que naqueles momentos de recolhimento, ele se entregava todo às lembranças de Isabela Golovina. Mas ele cortou a possibilidade de uma indiscrição de minha parte e prosseguiu:

— Pensaste que, sob os lilaseiros, eu apenas recordava os dissabores passados? Eu bem sentia que não compreendias com justiça aqueles meus colóquios comigo mesmo... Mas não... Eu me recolhia no meu caramanchão para orar, rogando ao Senhor me concedesse a graça de expiar pacientemente os meus pecados por meio da dor, da resignação, da paciência e do perdão, para que me fosse possível renovar a minha alma e receber a sua aprovação. Orava também por Isabela Golovina, por ti, pelas minhas crianças, pelos meus velhos, pelos meus irmãos de humanidade. Como me pudeste julgar tão egoísta ao ponto de passar quarenta anos a pensar exclusivamente num episódio doloroso da minha mocidade? Um dia, porém, casualmente, recebi a visita de uma dama de São Petersburgo, cujo filho servia no Forte de V... Era riquíssima e entregou-me avultada espórtula para as minhas crianças e os meus velhos. Após ter visitado todas as dependências e ter aceitado um prato de leite fresco com mel, ofereci-lhe também uma chávena de chá com biscoitinhos açucarados, e ela, muito impressionada com o que via ali, dizia-me, enquanto sorvia o chá, lentamente:

— A sua obra de beneficência, paizinho, faz-me lembrar a obra santa realizada por uma amiga minha, em São Petersburgo, a princesa Oblonski, nascida condessa Golovina Kriestrovskaia...

"Fitei a visitante naturalmente, sem me exaltar, prestando-lhe a máxima atenção, mas sem coisa alguma interrogar.

"— A princesa Isabela Oblonski é uma mulher extraordinária. O paizinho gostaria de conversar com ela, trocando ideias sobre

Sublimação

esse bonito ideal de amor ao próximo, pois as vossas tendências são idênticas. Ela poderia, sim, desfrutar todos os prazeres da sociedade, pois é uma princesa, e muito rica, mas prefere dedicar-se ao bem por amor a Deus, pois é muito piedosa, e, então, tornou-se o bom anjo dos que sofrem. Com dedicação, ela socorre enfermos, auxilia crianças e pais miseráveis, recupera ébrios e vadios para o trabalho e a família, e para tudo isso poder realizar fundou uma associação de senhoras, a qual ela dirige com muita habilidade, auxiliada por outras damas. E estende a sua beneficência até os presídios, empenhando-se para que também os condenados tenham amenizadas as suas desgraças. Há dez anos que se transferiu definitivamente para a aldeia, a fim de socorrer os filhos dos *mujiks*, que se criavam sem a menor assistência de quem de direito. E vai ela mesma, às vezes, guiando a *troika*[38] ou o trenó, de aldeia a aldeia, mesmo durante o inverno, visitar e socorrer os que necessitam de algo, os quais são muitos. Dizem que ela sofreu um grande desgosto na sua mocidade: mataram-lhe o noivo, a quem muito amava, e que é para se consolar dessa provação que assim se conduz, devotada ao bem. Era um oficial de cossacos e a família opôs-se. O paizinho compreende, seria um casamento muito desigual, não é mesmo? Os pais tinham razão... Mas isso deve ser lenda... Os desocupados sempre tecem enredos a respeito das pessoas que se destacam da vulgaridade pelas qualidades elevadas... O certo é que a princesa Golovina Oblonski é o anjo bom do próprio lar e do lar alheio, pois é excelente mãe de duas jovens que se casaram ultimamente, excelente esposa, que compreende tão bem os deveres do matrimônio que se dedica até a conseguir a reconciliação de casais de esposos que se desavêm... O que vale, paizinho, é que o marido é também um excelente coração. Esse, sim, é um verdadeiro Príncipe! Não só aprova as lides beneficentes da esposa como até se associa a elas com paciência e boa vontade...

"Algum tempo depois desse dia, passei a sonhar com Isabela quase todas as noites. Via-a como outrora, nos seus 17 anos, tal como a vi pela

---

[38] N.E.: Carro conduzido por três cavalos.

última vez, ao no separarmos para sempre. Trazia um braçado de galhos de lilaseiros, retirava um deles, acariciava-me com ele a cabeça já totalmente encanecida, sorria e murmurava:

"— Anatole, eu nunca te esqueci, meu pobre amor..."

"Depois, com o suceder dos dias, via-a também em vigília, sempre a mesma, alentando-me com a certeza de que nenhum abismo nos separava mais. Compreendi que ela morrera e, resignado, orei pela salvação da sua alma, durante mais algum tempo. E quando, pouco depois, também eu passei para este mundo, vi-a ainda da mesma forma no meu leito de morte, mas, dessa vez, ela apenas disse:

"— Vem, Anatole, espero-te há tanto tempo..."

— Quer dizer que agora vos reunistes aqui, na serenidade da vida do Infinito? — perguntei ansioso por esclarecimentos que elucidassem o meu desejo de compreensão de problemas para os quais ainda não encontrara solução satisfatória. — Sois, portanto, consorciados, como almas desligadas de um corpo material?

Anatole sorriu e respondeu com naturalidade:

— Consorciados, conforme entendíamos o vocábulo consórcio conjugal, na estreiteza dos conceitos terrenos, não, não estamos, pois somos almas libertas da carne e o consórcio espiritual difere do terreno. Nossas almas, porém, são consorciadas porque se querem, se buscam e interpenetram as próprias vibrações gerais, num pronunciamento harmonioso que toca as raias do êxtase espiritual, e isso produz um estado de felicidade integral, indescritível: é o estado, por assim dizer, de integração no grande todo divino, em que existem nuanças de venturas que só serão compreendidas quando tivermos afinado as próprias vibrações pelo diapasão das emanações superiores, ou divinas...

Sublimação

— Mas... se éreis assim tão unidos, por que passastes pela tortura do amor impossível na Terra? Fostes delinquentes em antigas situações terrenas?...

— O fato de sermos espiritualmente unidos não nos isenta da possibilidade de uma separação durante a existência terrena. Há desempenhos graves, que somos chamados a realizar na Terra, que seríamos estorvados de realizar se vivêssemos num estado pleno de satisfação do coração. Meu amigo! Creio que ainda não tiveste tempo de raciocinar sobre determinados detalhes da Lei de Deus, e por isso aceitas o conjunto das leis como regra para casos particulares. Mas não, não é bem como julgas: nem tudo o que se sofre na Terra é expiação, castigo por determinada falta, repressão por esta ou aquela rigorosa discrepância praticada em anteriores vidas. É preciso lembrar que as próprias condições materiais e morais do planeta podem causar danos aos seus habitantes, sem que isso implique uma penalidade. Muitas vezes também acontece que, a fim de progredirmos e renovar nossos valores morais e intelectuais, convém que sejamos privados de facilidades na conquista dos bens do mundo e que, estimulados pela dor, aí encontremos o estado propício para aquela renovação. Nenhuma outra natureza de sofrimento propicia melhor a reeducação de nós mesmos do que a humilhação, a tortura causada pelo amor infeliz. Isabela e eu, desde vidas transatas, experimentadas juntos, tínhamos necessidade de progresso espiritual por meio do amor aos nossos semelhantes sofredores. Se em nossa última presença terrena nos tivéssemos unido em matrimônio, teríamos sido felizes, mas continuaríamos presas do mesmo egoísmo do passado que nos fez viver apenas para o desfrute da nossa felicidade. Ao reencarnar, compreendemos a vantagem da nossa separação, em benefício da união espiritual através da eternidade, e por isso concordamos em enfrentar as peripécias sentimentais que a Lei de Deus nos apresentava como estímulo para o progresso por intermédio da fraternidade, pois, se assim não fosse, continuando embalados pelo nosso amor, só pensaríamos em nós mesmos, na possibilidade de sermos cada vez mais felizes, e continuaríamos indiferentes à necessidade de nos dedicarmos ao bem. Sofrendo, porém, a redentora humilhação que sofremos, voltamo-nos incondicionalmente para Deus, por meio da beneficência, porquanto precisávamos de consolo para o coração torturado, avançamos bastante no progresso moral-espiritual e adquirimos méritos para futuros empreendimentos, orientados pelas superiores esferas do amor... Aqui, na vida espiritual, assim unidos, trabalhamos não só para o próprio plano espiritual como para o terreno, em colaboração constante com os homens, e temos sempre bons ensejos para auxiliar associações como as que criamos e dirigimos quando encarnados, na solidão das nossas aldeias... A impossibilidade que nos separou na Terra foi, portanto, a verdadeira bênção nupcial que nos permitiu a união para os séculos futuros...

Todavia, Anatole Mikechine tinha pressa e não pôde alongar por mais tempo a conversação. Deveres sagrados requisitavam-no para outras plagas do Infinito. Vi, então, a doce Isabela Golovina pela primeira vez. Viera buscá-lo; deviam atender, juntos, tarefas sublimadas. Pareceu-me que via diante de mim não uma silhueta feminina, tão somente, mas um anjo aureolado de luz, recendendo perfumes de lilases. Levou Anatole pela mão, depois de para mim acenar amavelmente. Ele partiu sorridente, dizendo-me:

— Voltarei depois, capitão Nowak, preciso dizer-te ainda certas coisas a respeito das encantadoras Leis de Deus, sobre as quais já me foi dado raciocinar...

E, vendo-os partir, monologuei:

— Anatole Mikechine tem razão! A dor que nos punge o coração nas plagas terrenas é o prenúncio de sublimes destinos para o nosso ser imortal, na plenitude da vida do Espírito...

4

Karla Alexeievna

Léon Tolstoi

71. Prefácio. *Jamais tem o homem o direito de dispor da sua vida, porquanto só a Deus cabe retirá-lo do cativeiro da Terra, quando o julgue oportuno. Todavia, a Justiça divina pode abrandar-lhe os rigores, de acordo com as circunstâncias, reservando, porém, toda a severidade para com aquele que se quis subtrair às provas da vida. O suicida é qual prisioneiro que se evade da prisão, antes de cumprida a pena; quando preso de novo, é mais severamente tratado. O mesmo se dá com o suicida que julga escapar às misérias do presente e mergulha em desgraças maiores.*[39]

I

Eu contava 10 anos e residia em Odessa, com meus pais e minha avó materna, quando, um belo dia, por acaso, ouvi minha mãe dizer à minha avó, durante uma conversação amistosa:

---

[39] KARDEC, Allan. *O evangelho segundo o espiritismo*, cap. XXVIII, q. 71.

— *Mamacha*, minha querida, eu não poderei ir a Kazan em sua companhia, conforme combináramos. Não tenho com quem deixar a casa e Gregory Mikail Melvinski, meu marido, não concordaria em ficar sozinho aqui. Não irei, portanto, ao batizado de Iosif Zakarevitch, apesar do muito que esse batizado me seduz. Pois vejam só: a "criança" que se batizará é um rapaz de 21 anos; usa cabelos longos, trançados em duas tiras cruzadas na nuca e levantadas para o alto da cabeça, onde se amarram com uma tira de pano preto... e ainda com um chapéu por cima de tudo, para encobrir a vergonha...

Calando-se, minha mãe deu uma risada, enquanto minha avó agastava-se:

— Respeita mais, faça o favor, Anne Mikailovna, o sentimento alheio! Bem sabes que se trata de uma promessa feita a Nossa Senhora de Kazan, pela mãe de Iosif Zakarevitch, quando ele apanhou as bexigas e quase ficou cego. As tranças serão cortadas logo após o batismo...

— O que eu desejava presenciar também era o sermão do patriarca, que há de lançar um veemente protesto aos pais, falsos crentes, que ele decerto considerará relapsos, visto que guardaram um gentio em casa até uma idade dessas, a pretexto de promessas... Mas não posso ir. A *mamacha* irá e far-me-á o favor de levar Alex Melvinski, que está louco por ir a Kazan, a fim de conhecer Karla Alexeievna...

Alex Mikailovitch Melvinski era eu.

De fato, eu andava ansioso por ver um rapaz usando tranças e chapéu, pagão submisso a um batismo que, todos comentavam, seria acidentado, visto que o patriarca em pessoa não se permitiria calar ante um voto de tão mau gosto, feito a Nossa Senhora de Kazan, que, certamente, o acharia ridículo. Acima de tudo, o que eu desejava era conhecer a minha tia-avó Karla Alexeievna. Diziam dela que era riquíssima, embora não pertencesse à nobreza e fosse antes filha de

Sublimação

um antigo coronel de hussardos da Guarda Imperial; que possuía certa mansão belíssima nos arredores de Kazan, com herdade, rebanhos, moinhos, bosques, lagos, agricultura, cavalos, *troikas* e carruagens. Diziam que tocava piano como uma verdadeira artista, que aprendera música na Alemanha e fora aluna do virtuoso Ludwig van Beethoven;[40] que fora prometida em casamento a um conde alemão, a quem muito amava, mas que, no mês do casamento, renunciara ao matrimônio e nunca mais pensara em casar-se; que rezava várias vezes por dia, metodicamente, era muito boa e prestativa para com todos que a procurassem e bordava indefinidamente peças e mais peças de enxovais para noivas e recém-nascidos, para depois presentear com eles as noivas e os recém-nascidos pobres; que era bondosa para os filhos dos seus *mujiks*; que quase todos eles eram afilhados seus e protegidos por ela; que os ensinava a ler, escrever e contar, e até a cantar em festas de igrejas, mas que, não obstante tudo isso, era aleijada e possuía um corpo horrivelmente feio, ao passo que o rosto era belo como o de um anjo, e somente podia locomover-se amparando-se em duas muletas. Por último, diziam que tia Karla era mulher de 65 anos e fora muitíssimo bela em sua juventude, antes do acidente que a inutilizara para a vida social.

Eu ouvia tais comentários, não os assimilava muito bem, mas não tirava do pensamento a tia Karla e o virtuoso Ludwig van Beethoven, a quem ela amava muito e o qual eu imaginava ser o seu noivo, além de ser um santo; as tranças do rapaz pagão, que eu supunha ter pactos com o demônio, por não ser batizado, e o aleijão de Karla Alexeievna, irmã de minha avó, por quem sentia uma viva simpatia e uma compaixão indescritível, aos meus 10 anos.

Até que, finalmente, por certa manhã nebulosa, refrescada por uma neblina impertinente, subimos para a carruagem, agasalhados e contentes, e tocamos para Kazan.

---

[40] N.E.: Ludwig Van Beethoven (1770–1827), compositor alemão.

Fui apenas com minha avó. Anne Mikailovna, minha mãe, ficara em casa, não obstante o desejo de contemplar as tranças do batizando e ouvir o sermão do patriarca, coisa de que eu não fazia a mínima ideia.

II

Nunca pude esquecer a estranha atração que senti por tia Karla Alexeievna na hora em que, chegando à sua casa, entrei pela sala de jantar adentro e a vi sentada em sua poltrona junto da lareira. Entravam uns raios de sol frio por uma janela próxima, cujos vitrais, mostrando a silhueta multicor da senhora de Kazan, deixavam coar sugestivos reflexos que iam emoldurar o vulto singular de Karla.

— Sua bênção, mãezinha... — exclamei, tremendo de uma respeitosa emoção e fitando-a curiosamente. — Sou Alex Mikailovitch Melvinski, seu sobrinho-neto...

Ela abraçou-me com lágrimas nos olhos, sem nada dizer, fazendo o sinal da cruz sobre minha cabeça.

Minha avó aproximou-se, chorando. As duas irmãs abraçaram-se por entre lágrimas, pelo simples gosto de derramá-las, dramatizando um encontro que antes deveria motivar alegria, e se riram depois, e conversaram, e gargalharam.

Iosif Zakarevitch era filho do administrador-geral de Karla Alexeievna. Conheci-o naquelas primeiras horas após nossa chegada, e logo uma ardente simpatia atraiu-nos um para o outro, embora fosse ele um homem e eu uma criança. Achei-o bonito, com seus olhos de um azul forte e os cílios longos, um belo porte de jovem camponês, e a custo logrei descobrir os sinais das bexigas que ele apanhara em criança, as quais determinaram a ilógica promessa de sua mãe, de conservá-lo pagão e com

Sublimação

cabelos compridos, trançados, até a idade de 21 anos. Seu rosto era sereno e alvo como o meu próprio rosto. Muito sutilmente, porém, pus-me a procurar as tranças dos seus cabelos. Mas por mais que investigasse, que me abaixasse a fim de espreitá-las, e o rodeasse ansioso, nada consegui descobrir. Se retirava o chapéu, o que não era frequente (tinha permissão de Karla para conservar o chapéu à cabeça dentro de casa), aparecia um lenço preto amarrado em torno da cabeça, à moda cigana, e nada se via. Desinteressei-me, pois, das tranças de Iosif, embora me conservasse seu amigo quando permaneci em Kazan e até aos dias presentes, quando muitas saudades sinto dele, pois a verdade é que nunca mais o pude esquecer.

O batizado realizou-se no domingo seguinte e Karla Alexeievna foi a madrinha. Teve de ir à igreja com as muletas, amparada pela velha governanta Sofia, que seguiu na carruagem com ela e minha avó. Ao contrário do que minha mãe, Anne Mikailovna, pretendera, o patriarca não compareceu à cerimônia. Um ajudante seu substituíra-o, fizera um belo sermão filosófico aos pais em geral, concitando-os a não deixarem os filhos ignorantes da Lei de Deus e do Evangelho, pois o que torna o homem cristão — esclareceu ele — não é propriamente o batismo, mas o conhecimento e a prática dessas leis, e por último inspecionou os conhecimentos do rapaz acerca da Doutrina Cristã. Este, por sua vez, saiu-se bem da dura prova. Ninguém esperava que um homem de tranças conhecesse tão bem a vida de Jesus Cristo exposta nos quatro evangelhos. Provou que, teoricamente, pelo menos, era um cristão, visto que sabia na ponta da língua as mais expressivas passagens dos evangelhos. Falava como um orador, o que encantou os presentes, pois a igreja estava repleta, muitos dos quais chegaram a ajoelhar-se quando ele discorria sobre a Paixão. O padre calara-se, nada tendo a admoestar a um homem que conhecia tão bem a doutrina do Senhor, e tratou de batizá-lo, ao passo que eu ouvia Sofia dizer baixinho à minha avó:

— Isto é serviço de Karla Alexeievna, mãezinha; ela dava-lhe aulas de Evangelho desde quando ele era uma criança. Nunca vi tanta paciência e amor pelas crianças...

— O mais difícil, Sofia, não é ensinar, isso qualquer um ensina, é exemplificar o que ensina...

— E Karla não exemplifica? Parece coisa que não conheceis vossa irmã. Pois ficai sabendo, mãezinha, que Karla Alexeievna exemplifica, sim, senhora! A vida de minha ama é um hino constante a Deus, pelos exemplos bons que dá...

Ao batizado seguiu-se uma festa campestre entre os pais de Iosif e seus amigos. Mas eu não fui a essa festa, que se realizaria na mansão rural de Karla; estava morto de cansaço. No dia seguinte, observando que Iosif não trazia mais na cabeça nem o lenço nem o chapéu, e sim belos cabelos louros dourados, finos como seda, porque as tranças haviam sido, realmente, sacrificadas, voltei para minha tia Karletchka, a fim de observá-la melhor. Dir-se-ia que me apaixonara por ela e que foi esse o primeiro amor de minha vida.

Nos dias que se seguiram, examinei a casa, que era, realmente, muito bela, com seu mobiliário Luís XV, e observei Karla.

No meu conceito de criança simples, Karla era uma santa, e junto dela eu me esforçava por me tornar santo também. Por exemplo: além de orar à mesa das refeições, rendendo graças pelo almoço e pelo jantar e demais favores diários, à hora do Ângelus[41] Karla arrebanhava seus pupilos que se encontrassem presentes e se dirigia com eles ao oratório que fizera montar em sua casa, e ensinava-os a orar à Senhora de Kazan.[42]

Depois, cantava um hino em coro com eles, como de uso entre os crentes ortodoxos, e oferecia preces às almas sofredoras. À mesa das

---

[41] N.E.: A hora do Ângelus (ou Toque das Ave-Marias), que corresponde às 6h, 12h ou 18h, relembra aos católicos, por meio de preces e orações, o momento da Anunciação — feita pelo anjo Gabriel a Maria — da concepção de Jesus Cristo, acreditada como livre do pecado original. Em algumas localidades, os sinos das igrejas chegam mesmo a tocar de maneira especial para que se dê início às respectivas orações.

[42] N.E.: Maria, mãe de Jesus, muito venerada outrora na cidade de Kazan, na Rússia Imperial.

Sublimação

refeições, ela era a primeira que chegava, após o toque da sineta, mas não se sentava. Esperava, de pé, amparando-se às muletas, até que aparecesse a última criança para tomar parte na mesa com os demais. Então, orava e os presentes acompanhavam a oração mentalmente. Houvesse ou não houvesse visitas, o programa era esse. E todos se curvavam a ele, encantados com a fina educação de Karla e com as irradiações de ternura que se desprendiam dessa mulher de 65 anos.

Sofia servia as crianças e depois a ela própria, Karla, e a refeição prolongava-se suavemente, até que ela se levantava e voltava para o seu bordado. Às vezes, recreava-se na varanda, de onde podia ver o pomar e o jardim e, mais longe, os camponeses entretidos no seu labor, ou o gado indo e vindo pelo pasto. E, então, sorria abertamente, deliciando-se ante o esplendor da natureza, que compreendia e amava até a veneração. Para mim, foi um encantamento compartilhar daquela mesa, daquelas orações, do modo de viver daquela casa. E, se hoje sou um sincero crente na paternidade de Deus, muito o devo aos exemplos que de Karla recebi durante minhas frequentes passagens em sua companhia, a partir dos meus 10 anos.

Continuei a observar.

Karla dava aulas a seus pupilos e também aos filhos dos seus servidores, diariamente, antes do almoço, e à tarde ensinava-lhes Evangelho e trabalhos manuais. Rodeava-se deles na sala de jantar, fazia-os sentar-se no chão, sobre os tapetes, ou em banquinhos, e assim lhes ensinava desde a leitura e as contas até as artes acessíveis às suas possibilidades. Somente para escrever é que os fazia sentar na mesa grande, e Sofia vigiava para que não fosse a mesma manchada de tinta ou de detritos de lápis. E, enquanto ensinava, sempre tranquila e serena, bordava, fazia meias e casacos para o inverno, colchas e xales, e costurava. Dali mesmo ela dirigia sua propriedade, entendendo-se com os administradores e serviçais, se passava temporadas no campo. E, na mansão da cidade, recebia visitas e homenageava-as com chás requintados e concertos ao piano, pois não abandonara ainda a divina arte que o Sr. Ludwig van Beethoven lhe transmitira na juventude. Três vezes por ano havia teatro em sua casa. As crianças eram os atores, os cantores e os músicos, e convidados chegavam para assistir às representações e depois se regalavam com doces finos, licores e refrescos. Era uma casa movimentada e cheia de vida, e Karla longe estava de ser uma mulher sucumbida ou complexada por sua desdita de inválida.

— Eu não sou inválida — dizia ela, se alguém lamentava, em sua presença, o desastre que a impedira de caminhar e manter vida social. — Tenho cérebro perfeito, boa visão, vida intensa de afazeres, procuro ser útil aos que me cercam e dou boa conta de todas as empresas com que me comprometo. Não sou, portanto, inválida!

E, com efeito, espalhava o bem por toda parte, protegia, consolava, ensinava, animava, escrevia cartas e eram inúmeras as pessoas beneficiadas por ela.

III

Certa manhã, quando Iosif Zakarevitch fora incumbido, por Sofia, de polir os móveis do salão de honra, eu acompanhei-o. Depois de algum tempo de conversação infantil, pois Iosif era muito simples, e durante a qual eu admirara as preciosas peças ornamentais daquela casa encantadora, perguntei ao meu amigo:

— Por que razão minha tia Karla Alexeievna ficou aleijada? Que aconteceu, para que ela ficasse assim, com um corpo tão feio?

— Eu sei, mas não devo dizer, Alex Mikailovitch, não devo dizer. Ela é minha madrinha e minha segunda mãe. Com que direito me intrometerei na vida dela, comentando o passado?

Sublimação

— Mas eu quero saber, Iosif Zakarevitch! Sou sobrinho-neto dela, tenho o direito de saber também... Que mal pode haver em me contares o que sabes?

— Pede a Sofia que conte. Foi ela que me recomendou não comentar a vida de Karla, a fim de não reviver o passado. Mas tem prazer em relatar, ela mesma, tudo a quem se interessar pelo caso, contanto que Karla não o saiba. E o faz com tanto amor... Diz ela que se trata de um "romance delicado", o que se passou com Karla. Pede a Sofia, pede...

— Receio que Sofia me repreenda.

— Oh! não fará isso! Ela te respeita, paizinho, e, além de tudo, morre por contar histórias, e já se habituou a ver em Karla a heroína de um drama real...

Naquela mesma tarde, enquanto minha avó e minha tia Karla conversavam na varanda, saboreando o seu chá com biscoitos, contemplando as velhas árvores do jardim, que cresceram com elas, pedi a Sofia, timidamente:

— Conta-me uma história, mãezinha. Iosif Zakarevitch disse-me que sabes histórias lindas... e que a vida de tia Karla é um "romance delicado". Dize-me: que aconteceu à minha querida tia-avó para hoje ela só poder caminhar amparada por muletas?

— Ah! também tu queres saber algo sobre minha ama! Não devia contar-te nada. Isso competia a tua mãe. Mas as mães de hoje não educam os filhos com sentimento. É uma questão de sensibilidade do coração, sabes? Elas não têm sensibilidade...

— Elas quem?

— As mães, quem havia de ser? Quando se possui um parente valoroso como tua tia-avó, não se deve deixar de falar dele às crianças da família. Pois contar-te-ei eu o que sei. Dizem que és inteligente. Se isso é verdade, peço-te um favor: guarda o que ouvires. Quando fores homem, escreve o episódio que vou contar e publica-o. Será bom que outras mulheres se mirem no exemplo de minha ama e se salvem do desespero, como ela se salvou, quando a desgraça chegar...

Conversávamos na saleta onde Sofia costurava, ao pé de uma vidraça. Acomodei-me melhor no meu banquinho, as demais crianças deitaram-se no chão, para ouvir; Iosif pôs-se a folhear um livro, pois já ouvira cem vezes a mesma história de Karla, narrada por Sofia, e esta pigarreou, limpando a garganta. Levantou-se, acomodou o xale nos ombros, serviu o chá a nós outros, oferecendo bolos; bebeu água com açúcar depois do chá e voltou, sentando-se, depois, na mesma poltrona. Acheguei-me a ela e esperei. Todos esperavam. Então, ela contou:

— Muitas mulheres aí, por este mundo, por muito menos do que aquilo que sucedeu a Karla, têm dado cabo da vida. Mas é porque elas não tiveram fé em Deus e em si mesmas, não tiveram conformidade nem paciência e nem dispuseram de uma educação moral superior, como Karla dispôs. A boa educação que uma pessoa possa ter é também preservativo contra o suicídio: os caracteres voluntariosos, habituados a verem sempre realizados os próprios desejos, são mais propensos ao desespero em face da realidade, assim como os de vontade fraca. Os humildes e compreensivos raramente se matam, pois recebem os malogros que a existência lhes apresenta com a resignação que os encaminha para Deus, e a verdade é que Deus é nosso Pai e envia o socorro de que carecemos quando nos vê sobrecarregados de aflições, mas confiantes na sua misericórdia...

Confesso que eu nada entendia do que Sofia dizia naquele tempo, e só hoje, um século depois, recordando os fatos, assimilo tudo e posso apreciar a verdade do que dizia a humilde serva, mas prestava muita atenção a ela. Sofia prosseguiu:

Sublimação

— Ora vejam só, meus meninos! Karla Alexeievna contava 19 anos e era uma das mais lindas jovens do nosso santo Império Russo. Muito meiga e bondosa, alegre e serviçal, era o encanto de seus pais, que tudo faziam por ela e a irmã, e tanto possuía de beleza quanto de virtudes. Três príncipes russos desejaram desposá-la, mas ela rejeitou-os por desejar antes instruir-se quanto possível. Foi educada na França e na Alemanha, onde aperfeiçoou conhecimentos de música com o Sr. Ludwig van Beethoven...

Não sei por que, a essa altura benzi-me e suspirei comovido. Eu não podia ouvir falar no Sr. Ludwig van Beethoven sem me comover e sem me benzer. Creio já ter declarado que eu julgava ser um santo o mestre de música de minha tia-avó, e que fora ele mesmo o noivo que ela tanto amara.

— Por que te benzes, paizinho? — interrogou Sofia.

Não sabendo o que responder, sorri, e Sofia, que aprendera a ser boa com a sua ama, acariciou-me os cabelos e continuou:

— Na Alemanha, quando estudava música, Karla Alexeievna conheceu o conde Rupert van Gallembek, alemão de boas tradições de família. Ele era pianista também, aluno, com ela, do Sr. Beethoven, e os dois compreenderam-se muito bem e se apaixonaram um pelo outro.

"Quando a linda jovem que era Karla regressou à Rússia, o conde Rupert não se conformou com a separação: organizou os próprios negócios, estabeleceu diretrizes para os interesses próprios o melhor que pôde e mudou-se para aqui. Uma vez na Rússia, comprou terras e cultivou-as; comprou também uma bela mansão, tratou de agricultura e indústrias e pediu Karla em casamento.

"O pretendente foi aceito, a alegria foi geral entre a família de ambos, e os noivos confessavam-se cada vez mais apaixonados, ansiosos pelos esponsais.

"Ao que parece, esse casamento não fora previsto pelas Leis de Deus, talvez porque tanto Karla como seu noivo necessitassem de uma provação para se aproximarem mais de Deus. Às vezes, meus meninos, a felicidade completa torna-nos egoístas e nos afasta do bom caminho que nos leva ao Céu..."

— Que caminho é esse, mãezinha? — indagou um menino já crescido, que prestava muita atenção.

Sofia explicou como pôde:

— É um modo figurado de falar, paizinho! O caminho que leva ao Céu é o procedimento virtuoso da pessoa que ama e respeita Deus e se confraterniza com o próximo, isto é, com os seus irmãos de humanidade.

Não entendemos bem, mas Sofia reatou o fio da sua exposição:

— Então, se nos afastamos desse caminho, ou dessa norma de vida, o sofrimento apresenta-se qual bênção salvadora, repondo-nos na estrada reta que provará nossas virtudes diante das Leis de Deus...

IV

"Ora, faltava precisamente um mês para as bodas. Tudo pronto, à espera do grande dia. A família de Rupert van Gallembek chegara da Alemanha, a fim de assistir às cerimônias que, tudo o indicava, seriam deslumbrantes. Por sua vez, os parentes de Karla chegavam dos quatro cantos da nossa santa Rússia, abriam suas mansões de Kazan ou alugavam casas, faziam compras ou vestuários dignos da grande cerimônia.

"Diziam os mais antigos que não é bom a noiva visitar a casa que habitará depois do casamento, antes da realização do mesmo. Traz desgraça. Eu não creio nisso, é superstição, mas os antigos diziam. O que sei é que faltava um mês para Karla se casar quando Rupert a convidou, insistentemente, para visitar a mansão que ele preparara para ela.

"A mansão era no campo, distante de Kazan cerca de oito verstas.[43] A família toda empolgou-se pelo convite e ficou deliberado que se organizasse uma cavalgada, como tão bem o fazem os fidalgos, almoçassem no bosque e passassem a tarde examinando a propriedade. Os cavalos apareceram e as damas, entusiasmadas, mostravam-se encantadoras na sua animação, sorridentes, as faces coradas. Karla Alexeievna, no esplendor da sua mocidade, não cabia em si de contente e partira a galope na frente, com o noivo, ansiosa por examinar os detalhes do romântico ninho que Rupert preparara para ambos.

"Tudo foi cumprido consoante os planos programados. Karla parecia sonhar, contemplando o carinho com que o noivo pensara em tudo. Deliberaram, então, diante de todos, que residiriam ali durante a primavera e o verão, e que parte do outono e o inverno passariam na cidade, se assim o desejassem, pois Rupert trataria de agricultura, era um apaixonado pelas coisas da natureza. A volta do passeio não foi menos álacre do que a ida, pelo menos o seu início foi acompanhado da alegria sã das criaturas felizes e bem-educadas.

"Entardecia quando começaram a contornar a orla do bosque. Havia blocos de pedra aqui e ali e ribeirinhos formados pelas pequenas nascentes que escorriam da montanha. Os cavalos eram fogosos e, entre eles, a égua montada por Karla era um animal nervoso e muito sensível. Karla Alexeievna e Rupert van Gallembek corriam à frente, como fizeram durante a ida.

"O uso de uma dama cavalgar sentando-se de lado, sobre a sela apropriada, onde engancha a perna, é errôneo porque perigosíssimo, e muitos acidentes fatais têm-se visto devido a esse uso, que não oferece a mínima segurança à cavaleira.

---
[43] N.E.: Antiga medida russa para distâncias, equivalente a 1,067 km.

"Corriam pela estrada, confiantes, os felizes noivos quando, subitamente, saltaram duas grandes lebres na estrada, uma perseguindo a outra, de um lado ao outro do bosque. A égua montada por Karla Alexeievna espantou-se e um relinchar ameaçador, traduzindo terror, quebrou a harmonia da solidão. O belo animal empinou-se, rodopiou, com as patas dianteiras no ar. Karla tentou equilibrar-se, dominar a montaria, que resfolegava apavorada ou enfurecida. Rupert interveio, incontinenti, aproximando o seu cavalo e falando ao animal carinhosamente, como era hábito, tentando acomodá-lo. Ao que parece, porém, este se espantou ainda mais com a gritaria dos demais cavaleiros, entrou a escoicear e corcovear e, de súbito, partiu em desenfreado galope. Assustada, Karla tentou manter-se, mas não conseguiu. Ao saltar um pequeno ribeiro, na galopada terrível, atirou a jovem ao longe e continuou a corrida, só parando mais além e procurando pastar. Se a saia de Karla se prendesse no gancho da sela a jovem estaria perdida. Morreria, reduzindo-se a pedaços. Mas a saia não se prendeu no gancho da sela e ela pôde salvar-se. A fatalidade determinou, porém, que minha pobre ama caísse violentamente sobre blocos de pedra, que se estendiam à margem da estrada, e fraturasse a coxa e a perna direitas, em dois lugares, fraturasse o ilíaco e deslocasse também a omoplata direita.

"Ficou ela, então, estendida sobre as pedras, como morta. Parte da noite ali ficaram os cavaleiros, desesperados, sem saberem o que fazer, enquanto outros correram à cidade em busca de um médico, de uma carruagem, de uma padiola de hospital. E Rupert, desesperado, chorava como uma criança, supondo-a morta.

V

"No fim de três dias Karla voltou a si. Reconheceu todos, proferiu seus nomes e beijou a mão dos pais. Quando percebeu a presença do noivo, porém, o qual estivera à sua cabeceira dia e noite, cheio de angústias, chorou copiosamente e exclamou, entrecortada pelos soluços:

Sublimação

"— Tudo acabado, meu Rupert! Foi apenas um sonho!

"O tratamento foi difícil. As fraturas foram graves e a cirurgia da época era incapaz dos milagres de ortopedia verificados presentemente em nossas cidades russas... Karla, exageradamente pudica e escrupulosa, não consentia em desnudar-se para ser devidamente examinada, na tentativa de remediar o mal religando os ossos partidos e tendões desviados. O aleijão impôs-se: os ossos solidificaram-se fora do local apropriado, sem a intervenção cirúrgica. Por isso mesmo, a perna acidentada tornou-se mais curta que a outra, sem movimento, baloiçando no ar. A omoplata, desviada, alterou as linhas perfeitas do dorso e feia saliência apresentou-se irremediável. Ficou, então, um ombro mais alto que o outro, o lado perfeito acanhado pelo ofendido, que se avolumara.

"No fim de seis meses, Karla pôde levantar-se a custo, mas não pôde caminhar. Para readquirir os movimentos e poder locomover-se, amparada por muletas, passaram-se dois anos. Ela chorava muito e parecia inconsolável, pois era a própria vida para sempre arruinada que contemplava. Durante esse espaço de tempo, Rupert, que jamais lhe faltara com a sua afetuosa assistência, propôs, por mais de uma vez, realizar o casamento. Mas a jovem opunha-se:

"— Não, meu amigo, não! Amo-te muito para consentir em escravizar-te à ruína a que me reduzi...

"— Mas... Minha querida! Mais do que nunca nossa união deverá realizar-se. Eu não me importo com...

"— Sinceramente agradeço o teu cavalheirismo, o piedoso sentimento que me consagras. Mas não posso nem devo aceitar o teu sacrifício.

"— Karla Alexeievna, o que fazes?! Volta a ti, minha querida, e reflete! Abandonas-me, então? Eu também sofro, preciso de ti, aliviemos o nosso mútuo sofrimento, unindo-nos para sempre!

"— Sentes compaixão de mim e ninguém deverá casar-se por piedade. Se nos casássemos, nos primeiros meses tudo correria bem. Mas, no fim de um ano, eu pesaria demasiadamente em tua vida. Quando uma desgraça como essa acontece a alguém, é que esse alguém é chamado por Deus para uma vida diversa da que levava. Minha tarefa neste mundo — agora eu o sei — não é o casamento. Deve ser consolar e socorrer os pequeninos, como aqueles que Jesus citou. Amo-te, Rupert, e amar-te-ei sempre, mas renuncio à felicidade de te pertencer. Não quero mais ver-te. Agora, tua presença faz-me sofrer. É preciso esquecer-te. Não me visites mais. Necessito tranquilidade para reorganizar pensamentos e sentimentos e me entregar a Deus, a fim de ver como devo ser útil neste mundo. Devolvo a palavra que me deste. Dou-te liberdade para escolher outra noiva e casar-te com ela.

"— Teus pais aprovam a tua resolução? — disse ele estarrecido, compungido.

"— Deixaram a meu critério resolver o que me parecesse melhor.

"E não houve quem convencesse a digna jovem de que não deveria deixar em desesperos aquele noivo que tantas demonstrações de amor lhe dera, apesar da desventura que se abatera sobre ela.

"— É para o bem dele próprio e o meu que procedo assim — repetia ela aos pais, quando estes a censuravam pela rude resolução. — Ele se conformará e será feliz sem mim, estou bem certa...

"E Karla, procurando esquecer o noivo amado, devotou-se a Deus, devotou-se ao conhecimento das Escrituras Santas e procurou pôr em prática as lições que ia aprendendo. Dedicou-se, principalmente, às crianças, humildes filhos dos *mujiks* de seus pais. Ensinou-as a ler, forneceu-lhes roupas e agasalhos, que ela mesma confeccionava, educou-as, tornou-as aproveitáveis a Deus. E hospedava consigo as que eram órfãs.

Ensinou-as a cantar, a declamar, como tanto se usava nesse tempo, a dançar as belas danças do nosso país.

"Rupert, repelido, visitava, agora, mensalmente, apesar das objeções dela. Precisava esquecê-lo, e não era vendo-o mensalmente que poderia bani-lo do pensamento. Apesar disso, porém, Karla Alexeievna sofria saudades do noivo, chorava muito, e só Deus sabe o martírio que ela se impunha a fim de confirmar a dolorosa renúncia. Creio que muitas mulheres por este mundo afora, por sofrerem muito menos do que ela, têm procurado no suicídio o fictício alívio para os próprios sofrimentos.

"Pouco a pouco, no entanto, Karla resignou-se ao inevitável que se impunha entre ela e seus sonhos de moça. À noite, sonhava que seres angélicos vinham até ela e lhe diziam, abraçando-a, enquanto ela se desfazia em lágrimas:

"— É preciso que seja assim, minha querida, para sublimar o teu sentimento, que há séculos vive e revive em teu coração... Tu e Rupert, se muito vos tendes amado, também muito tendes infringido as Leis do Todo-Poderoso. Mas chegou o momento da reparação dos erros passados, para a sublimação pela dor, a fim de que vossa união se legitime em presença de Deus. Volta-te para o Céu e segue Jesus. O consolo descerá do Alto para aliviar os teus desgostos. E mais tarde... Espera, minha querida, porque ainda abençoarás as amarguras que hoje te desolam, por amor às alegrias que te esperam...

"Então, Karla seguiu Jesus e recebeu consolo.

"Uma das tarefas que se impusera foi proteger noivos pobres, para que pudessem realizar os intentos do matrimônio. Para isso, procurava trabalho para os varões, oferecia enxovais às noivas, preparava-as moralmente para o grande compromisso de mães de família.

"Cinco anos depois da sua renúncia a Rupert, por uma tarde nevoenta de outono, quando os lilases do jardim agonizavam, dobrando-se sob o peso das galhadas, aquele noivo inesquecível visitou-a mais uma vez, levando-lhe uma braçada de rosas, as últimas da estação, obtidas nos jardins da mansão que deveria ter sido dela.

"Karla Alexeievna recebeu-o. Aceitou as rosas e agradeceu-lhas, e convidou-o a sentar-se e tomar chá com biscoitos de nata e mel.

"Rupert sentou-se a seu lado, ao pé da estufa, como sempre, e no desenrolar da conversação explicou o motivo da visita:

"— O homem precisa casar-se, Karla! Tu me abandonaste, dando-me liberdade para contrair matrimônio com outra mulher...

"— Muito bem! Lembro-me disso. Fiz o que devia fazer...

"Mas seu coração tremia ansioso. Olhava furtivamente o visitante. Nunca ele lhe parecera mais belo, com o seu porte majestoso, o seu casaco bem-talhado, as 'costeletas' avançando para o meio das faces. Ele prosseguiu e ela ouvia:

"— Preciso constituir família minha mesmo, querida Karla. É contrário à natureza do homem viver só... O homem precisa de uma companheira, uma mulher, que o ajude a viver... Vou casar-me, Karla!

"Ela emocionou-se até a mais oculta fibra do seu coração, mas respondeu:

"— Fazes bem, meu amigo, compreendo...

"— Não queres saber com quem me caso?

"— Seja quem for a noiva, deve ser digna de ti.

"— Bem. É a tua amiga Halina Vacilievna. Assim ficarei mais perto de ti...

"E casou-se.

"Karla sofreu, chorou a sós consigo mesma e com Deus, mas quando o cortejo nupcial passou por sua casa, a caminho da catedral, ela mostrou-se indiferente e continuou a bordar, contando histórias às crianças que a rodeavam.

"Rupert voltou-se na carruagem, examinando com o olhar as janelas da mansão de sua antiga noiva: permaneciam fechadas. Karla Alexeievna não se dignara assomar à janela a fim de vê-lo passar.

VI

"Durante vinte e cinco anos a vida não se alterou para Karla Alexeievna. Continuou a bordar, a tecer meias e blusas de lã para o inverno, a rezar, a dirigir, sentada em sua poltrona, os bens que possuía, a criar filhos alheios, a educá-los e instruí-los.

"Durante esse longo espaço de tempo morreram os seus pais e ela, mais do que nunca, sentiu-se triste. Os amigos da mocidade haviam morrido uns, outros mudaram para Moscou ou São Petersburgo, e ainda outros, por não a verem jamais em sociedade, pouco a pouco espaçaram as visitas que lhe faziam e a esqueceram.

"Rupert visitara-a ainda algumas vezes, constrangido, depois do casamento, mas Karla recebera-o cerimoniosamente, tratando-o por 'Excelência', o que pareceu constrangê-lo ainda mais. Quando lhe nasceu o primeiro filho, foi, pessoalmente, participar o evento à antiga noiva. Ao nascer o segundo, repetiu a visita e a participação. E o mesmo aconteceu mais três vezes, pois o casal Gallembek fora agraciado por Deus com a dádiva de cinco belas crianças. Karla agradecia a visita e a participação, e, no dia seguinte, enviava um rico presente ao recém-nascido e uma braçada de flores à mãe, mas nunca os visitou, porque Halina também jamais a visitara desde que se casara. De modo que não chegou a conhecer pessoalmente os filhos de Rupert.

"Pelo dia do seu santo, porém, que era no verão, Rupert enviava-lhe um braçado de rosas, cumprimentando-a.[44] Como se vê, Rupert foi o noivo que, durante muito tempo, não a esqueceu e sofreu por ela, o amigo penalizado, fiel ao próprio sentimento, que se esforçava por consolá-la e consolar-se. Mas, depois, o encargo de família aumentou com o crescimento dos filhos. As preocupações diárias, a intensidade dos negócios, os deveres sociais, as próprias esquivanças de Karla e, finalmente, o tempo, esse benévolo cicatrizante de mágoas e feridas, levou-o a espaçar cada vez mais as visitas e, por fim, nem mesmo os cumprimentos pelo Natal e pelo dia do santo do seu nome Karla Alexeievna recebia. Rupert acabou por esquecê-la. Estava tudo tão distante! Quem poderia exigir do coração de um homem a fidelidade a um sonho morto?

"Karla não sofreu por isso. Resignou-se. Esperava dele isso mesmo. Por isso, negara-se ao matrimônio, certa de que sua invalidez o afastaria dela. Isso é humano, é quase razoável. E continuou, como sempre, no seu fiel posto de proteção aos pequeninos, servindo a Jesus Cristo na pessoa do seu próximo sofredor e humilde.

"No fim de vinte e cinco anos, já contando 50 anos e com os cabelos totalmente brancos, Karla, ao despertar, em certa manhã, ouviu que os sinos da catedral dobravam a finados, dolorosamente. Era o momento das suas primeiras orações do dia. Não sabia quem morrera. Mas dedicara a sua reza dessa manhã em honra àquela alma que abandonava o corpo à terra, de onde proviera, pela ventura da ressurreição espiritual. Chamara as crianças, fizera-as orar com ela, explicando, como sempre:

---

[44] N.E.: Não apenas na Rússia, mas em vários outros países da Europa, ainda hoje, comemora-se, além do aniversário da pessoa, também o dia do santo cujo nome a pessoa recebeu.

Sublimação

"— Quando sabemos que alguém entregou a alma ao Criador, temos o dever de ajudá-la, com nossas preces, a procurar o seio de Deus, desejando-lhe paz e luzes espirituais...

"E, depois, foi para o seu bordado e as lições às crianças.

"Eu fora à missa, pela manhã" — continuou Sofia, após uma pausa, durante a qual mostrou-se triste —, "e soubera, na igreja, por quem os sinos dobravam tão tristemente, mas, ao regressar a casa, não me encorajei a dizer a Karla a triste novidade. À hora do almoço, no entanto, não me pude conter, entendi que tinha o dever de pôr minha cara ama a par do que se passava, e exclamei com certo receio:

"— Os sinos da catedral dobraram a finados hoje...

"— É, dobraram, eu ouvi. Dobraram desde muito cedo, e dobram de vez em quando. Alguém muito querido à nossa cidade alçou-se hoje aos Céus. Já orei rogando a Deus por ele...

"— Pois não sabes quem morreu, mãezinha?

"— Não, não sei. Como saberia?

"— Foi Rupert van Gallembek, minha cara! Morreu pela madrugada... Esteve doente dois meses...

"Karla não respondeu. Acabou de comer mais lentamente, em silêncio, e durante a prece de agradecimento pela dádiva do almoço, sempre feita em voz alta, para nós acompanharmos mentalmente, rogou a Deus por ele.

"Na manhã seguinte, antes do meio-dia, irrompi na sala onde Karla lecionava às crianças e exclamei, pensando ser-lhe agradável:

"— Mãezinha! Mãezinha! Karla Alexeievna! É o cortejo fúnebre do conde van Gallembek! Vai passar sob tuas janelas. Não vais vê-lo?

"Mas Karla não respondeu. Pôs-se, porém, de pé, dificultosamente, amparando-se às muletas. Tive de ajudá-la. Assim, de pé, cruzou as mãos em atitude de prece e orou, a alma concentrada diante de Deus, prestando a última homenagem terrena àquele a quem tanto soubera amar em silêncio durante vinte e cinco anos de pesar e saudades. Depois, sentou-se e continuou a aula para as suas crianças, anjos que a amparavam na solidão que tem sido a sua vida.

"O cortejo havia passado...

"E assim tem sido, meninos, até o dia de hoje."

Aqui parara o relatório de Sofia, a dedicada governanta de minha tia-avó Karla Alexeievna. Estava banhada em lágrimas. Iosif Zakarevitch continuava lendo o livro. O vento soprava forte lá fora. Caía uma tempestade de granizo, anunciando as primeiras neves, e as árvores retorciam-se, açoitadas pela ventania.

Confesso que, então, eu muito pouco compreendi do relatório de Sofia. O que ficara bem claro ao meu coração era que minha tia-avó fora jovem e muito bela, que era muito boa para os outros e amava Deus, que sofrera uma grande queda do cavalo que montava e por isso ficara com aquele horrível aleijão, e que, por essa razão, o conde, um homem muito rico e bom, seu noivo, casara-se com outra mulher. Só mais tarde, depois que me fiz homem, pude avaliar a grandeza daquele coração de mulher, que se refugiara no culto a Deus e na prática do Evangelho de Jesus Cristo a fim de bem suportar a desventura da própria vida, assim se furtando ao desespero que a poderia ter levado ao suicídio.

Karla Alexeievna morreu aos 68 anos, depois de ligeira enfermidade do coração, exatamente três anos depois de que a vi pela primeira vez, quando fui a Kazan com minha avó, a fim de assistir ao batizado de Iosif Zakarevitch.

VII

Pelo ano de 1872, sendo eu já um homem maduro, tive oportunidade de viajar pela Europa e vi-me fazendo um estágio em Paris. Nessa famosa capital, que seria, por assim dizer, a capital da Europa, além de ser a capital da França, muito se falava em conversações com as almas do outro mundo, as quais, segundo se dizia, ditavam belas mensagens em prosa e em versos e se identificavam perfeitamente aos seus amigos e parentes por uma mesa, que fazia as vezes de um aparelho transmissor do pensamento de habitantes do Além. A esse fenômeno dava-se o nome de "tiptologia". Repetiam-se as sessões de Espiritismo e elas se realizavam não somente nos recintos apropriados para essas investigações transcendentes, mas até durante as reuniões sociais. Por vezes, durante o baile, ou um recital em ambientes particulares, abriam-se parênteses para "conversarem com a mesa", evocando a alma deste ou daquele defunto por intermédio dela. Não se levava em conta que aquilo se tratava de um fenômeno da mais alta transcendência espiritual, uma revelação divina que sacudiria o mundo, a fim de se implantar no coração da humanidade.

Ora, eu havia sido convidado por um amigo russo, residente em Paris, o Sr. Boris Polianovski, a jantar em sua companhia, jantar a que compareceria o escritor Victor Hugo,[45] recém-chegado do seu exílio de Guernsey, e o dramaturgo Victorien Sardou,[46] duas das mais expressivas figuras das Belas-Letras internacionais e adeptos da florescente crença na comunicação das almas dos mortos com os homens, por meio do fenômeno da mesa ou, simplesmente, da mão do próprio homem, ou médium, isto é, aparelho transmissor humano.

---

[45] N.E.: Victor-Marie Hugo (1802–1885) foi um poeta, dramaturgo, ensaísta e estadista francês.
[46] N.E.: Victorien Sardou (1831–1908) foi um escritor dramático francês, conhecido pelas suas comédias.

Após o jantar, que foi o mais cordial possível, a jovem Aglaée, filha do dono da casa, propôs, talvez displicentemente, por certo inspirada pelo Céu:

— Vamos interrogar a mesa, paizinho? Quem sabe conseguiremos algo agradável hoje? O Sr. Alex Melvinski certamente nunca assistiu a uma coisa assim na sua fria Rússia?

— Confesso que ignoro completamente o que seja interrogar mesas, *mademoiselle...* — respondi.

A jovem foi buscar uma mesa leve, de três pés, apropriada para o caso, enquanto folhas de papel em branco e lápis foram colocados sobre a mesa em que acabáramos de jantar e na qual os demais convidados ainda conversavam.

O dono da casa, meu amigo Boris Polianovski, concordou com a pretensão da filha e prontificou-se a convidar o Sr. Hugo e o Sr. Sardou a auxiliarem as evocações.

Por essa época, eu não pensava mais em minha tia-avó Karla Alexeievna e menos ainda na possibilidade de falar com ela depois da sua morte. Ela morrera quando eu era menino de 13 anos e as lutas que sustentei pela existência haviam varrido de minhas impressões o pesar que senti por sua morte, nos primeiros tempos após o seu desaparecimento. Mas uma grande surpresa me estava reservada nessa noite inesquecível.

Todos a postos para a provocação do fenômeno, fui solicitado a colocar levemente as mãos sobre a mesa, o mesmo fazendo o meu amigo Boris Polianovski e sua filha Aglaée. O Sr. Hugo e o Sr. Sardou empunharam os lápis e os papéis e também o quadro do alfabeto, para a necessária contagem das pancadinhas da mesa, dispostos a secretariarem os possíveis ditados transmitidos por ela.

Depois de umas duas ou três apresentações medíocres, que não nos chegaram a interessar por partirem de almas levianas, a mesa ditou,

Sublimação

batendo com o pé no soalho, ao mesmo tempo que Victorien Sardou contava as pancadinhas, apontando o alfabeto, e Hugo escrevia:

— Preciso fazer importante declaração ao visitante de hoje, rogo que me dispenseis silêncio e atenção...

O Sr. Victor Hugo interrogou circunspecto:

— Somos três visitantes hoje, nesta casa: o Sr. Alex Mikailovitch Melvinski, da Rússia, o Sr. Victorien Sardou, de Paris, e eu, também de Paris. A qual vos referis?

— A meu sobrinho-neto, Alex Melvinski, a quem muito amei...

— Como vos chamais?

— Karla Alexeievna. Vivi em Kazan. Há quarenta anos que deixei esse mundo.

— Estamos atentos, Karla Alexeievna, ditai o que pretendeis... — voltou a falar o grande escritor, que parecia presidir a reunião, como de costume, segundo eu soube depois.

— Este meio de manifestação é lento e penoso para todos nós. Rogo a Victorien Sardou o obséquio de empunhar o lápis. Escreverei servindo-me de sua mão. É mais cômodo.

Minha emoção era profunda. Eu nunca assistira a uma sessão com almas do outro mundo como comparsas, embora tivesse notícia do fato. Um mundo de recordações assomou-me ao pensamento. Karla apareceu às minhas recordações com todos os detalhes da sua vida e da desventura que viveu: o aleijão, a desilusão do amor perdido para sempre, sua vida povoada de saudades, de orações a Deus e benefícios aos pobres, seus eternos bordados, suas crianças, a lareira, junto à qual se sentava no inverno, os vitrais retratando a Senhora de Kazan, os reflexos do sol coados dos vitrais multicores incidindo sobre sua cabeça, em que cabelos brancos assomaram prematuramente... nem mesmo das tranças de Iosif Zakarevitch eu deixei de me lembrar.

As lágrimas turvaram meus olhos. Um soluço sufocado a tempo na garganta revelou-me que tia Karla, minha infância, meu amor pela família estavam ainda intactos em meu coração. Puxei do lenço, enxuguei os olhos, assoei-me discretamente e silenciei, o pensamento respeitoso.

Victorien Sardou escrevia rapidamente, era o médium[47] de Karla Alexeievna.

Após alguns minutos de expectativa, a mão do grande dramaturgo estacou, abandonando o lápis. Estava concedida a mensagem, a lição que o Céu mandava, revelação que muito edificou os corações presentes. Houve ordem para que fosse lida, para todos ouvirem aquela carta provinda do mundo invisível, em tão singulares circunstâncias. A carta foi lida por Aglaée, e eis o que ouvimos:

VIII

"Eu sei, Alex Mikailovitch Melvinski, que, desde tua infância, te compadeceste de mim e muito te impressionava a desventura de minha vida. Sei que me amavas, e agradeço, paizinho, o afeto demonstrado à minha humilde pessoa. Agradecida por sentir em mim a tua simpatia. Um dia, depois do meu passamento para a vida do Espírito, prometi a mim mesma relatar-te a causa da minha provação na Terra, se Deus mo permitisse. Hoje chegou a ocasião esperada há tantos anos.

---

[47] N.E.: Victorien Sardou foi espírita e médium até o fim de sua vida, grande amigo do escritor Victor Hugo.

Sublimação

Sabe, Alex Melvinski, que as provações por nós vividas no mundo terreno têm sempre como causa o nosso mau proceder num passado por nós mesmos vivido em outras épocas existenciais. Nada acontece à revelia da Lei de Deus. Nós, almas e homens, somos individualidades imortais, com a particularidade de vivermos várias fases de vida corpórea, reviver no estado espiritual e voltar a ocupar corpos terrenos, em vidas novas, recomeçadas com novo nascimento, como homens.

Antes de eu ser a personalidade Karla Alexeievna, vivi com outra personalidade e outro nome e amei o meu querido Rupert, que também vivia com outra feição física, outra personalidade, usando outro nome. Isso é a reencarnação, que os Espíritos do Senhor explicam aos homens na atualidade.

Éramos esposos e nos amávamos ternamente. Mas nossa felicidade teve pequena duração. O meu querido Ygor Fiedorovitch, como então se chamava ele, morreu em uma guerra, no tempo de Pedro, o Grande.[48] Desesperada, desiludida, sem poder sequer chorar sobre o túmulo do meu bem-amado, arruinada, doente, descri de Deus e de mim própria e, um dia, deixei-me precipitar do meu terceiro andar, onde residia, e onde a desgraça penetrara com o desaparecimento do meu Ygor, caindo sobre as pedras do pátio. Meu corpo, maltratado pela queda, fraturado, contundido, deslocado, sucumbiu três dias depois, vítima de mim própria, fazendo-me sofrer intensamente, pois eu não pudera, não quisera viver sem o meu Ygor.

Mas o suicídio é um crime grave, que pesa muito na balança da Lei divina.

Bem cedo compreendi que eu possuía uma alma, que sobrevivia à destruição do corpo.

---

[48] N.E.: Pedro I, o Grande, tzar da Rússia, de 1682 a 1725. Dotado de uma vontade de ferro e de uma energia incomparável, soube beneficiar e engrandecer a pátria. Foi o maior governante da Rússia em todos os tempos.

Senti-me viva, separada daquele corpo, mas sofrendo as mesmas angústias da perda do meu Ygor, sem poder vê-lo, sem obter notícias dele, afastada de todos os que me amavam e aos quais ofendi com o suicídio, e, coisa acerba! sofrendo também as dolorosas consequências do suicídio do corpo na minha estrutura espiritual. Senti ossos fraturados, não obstante estar desligada do corpo, impossibilitados de se reorganizarem. Senti-me aleijada, deformada, feia, mais dolorida e desesperada do que nunca. Não me podia afastar da cena da minha queda do sobrado. Via-a e sofria ao mesmo tempo, tomada de pavor e sensações reais, como se de momento a momento eu me atirasse outra vez, para sofrer o mesmo, eternamente. Assim me demorei por muito tempo, não sei por quanto tempo, perdida na treva daquela angústia indescritível, presa de um pesadelo incompreensível, que me subjugava a vontade. Um dia, no entanto, adormeci pesadamente, creio que durante muito tempo, e, depois, ao despertar, compreendi o que se havia passado. Eu matara, em mim, apenas o corpo carnal, mas a alma, construída de essências imortais, sobrevivera ao meu desespero e ali estava viva e racional, arrependida, sofredora, envergonhada de seu crime diante de Deus e de si mesma. Tive forças para orar e orei, pedindo perdão a Deus, desfeita em lágrimas.

Amigos e assistentes chegaram com o fim de me socorrerem. Eram almas, como eu, porém felizes, porque traziam tranquila a consciência, e vieram para me ajudar. Não as reconheci porque mal as distinguia na penumbra forte da aura que me circundava. Eu era uma alma revel, que não possuía sensibilidade para ver e compreender os anjos de Deus.

Disseram-me eles que eu cometera um delito gravíssimo e que um século seria pouco para eu poder repará-lo, reabilitando-me perante a Lei suprema. Ensinaram-me certos detalhes dessa Lei, muito importantes e necessários a todos nós, afiançando-me que eu poderia recuperar-me à sombra de Jesus Cristo. Um vasto panorama de modos de bem viver para Deus e para o próximo foi-me apresentado. Examinei-o detidamente e refleti sobre ele, depois do que me disseram:

Sublimação

— Escolhe por ti mesma o que deverás fazer para desagravar a consciência e te reabilitares do suicídio. O que escolheres será levado em consideração e se realizará. Mas reflete maduramente sobre tudo o que te convém, porque, uma vez escolhido, o caminho a seguir será irrevogável. Escolhendo-o, estarás lavrando a tua própria sentença. Se tiveste força para infringir a Lei de Deus, também a conseguirás para te reabilitares do opróbrio de a esta haver infringido. Mas sabe que as realizações a se efetuarem para esse inapelável serviço serão provadas sobre a Terra, vivendo tu em novo corpo humano, como soem ser os corpos materiais terrenos.

Meditei profundamente sobre essas advertências. Depois de algum tempo de profundas e penosas meditações, cheguei à conclusão de que me competia o seguinte: eu infringira gravemente a Lei de Deus, matando-me, porque não me conformara em viver sem o meu Ygor, que morrera no campo de batalha. Ora, eu devia, então, reparar a minha falta, provando a mim mesma o meu arrependimento por aquele ato cometido, resignando-me a viver sem Ygor depois de, novamente, em existência nova, tê-lo amado. Jesus me daria amparo e consolo para que saísse vitoriosa desse terrível testemunho.

Apresentada a minha petição aos assistentes que me serviam, foi ela aprovada e considerada correta, coerente com a Lei suprema. Mostraram-me, então, Ygor pela primeira vez, depois de muitos anos, depois que ele tombara no campo de batalha. Ele voltara à Terra em existência renovada e contava 2 anos. Vi-o brincar no terraço da mansão de seus pais, sob os cuidados de uma governanta. Era de família nobre e agora chamava-se Rupert van Gallembek. Reconheci-o imediatamente, como o meu amado Ygor Fiodorovitch, não obstante a diferença da indumentária carnal humana. Senti em minha alma reviver a antiga chama do amor que lhe consagrara antes, e minha alegria foi imensa ao reconhecer que nosso amor não se extinguira, antes seria revivido porventura mais sublime do que fora outrora.

— Não te esqueças, amada Karla, de que te separarás dele na próxima existência terrena. O teu testemunho implica a necessidade da resignação ante a ausência dele em tua vida — lembraram a tempo os meus assistentes.

Concordei plenamente com a necessidade que se impunha e comecei, então, a preparar-me para a grande jornada da reencarnação de provas, cheia de desejos de libertar minha consciência da vergonha do suicídio, ato próprio de caracteres fracos e inconsequentes.

Eu, porém, ainda não libertara as minhas vibrações mentais do peso consciencial de haver deformado e matado o meu corpo, tão belo e jovem, destroçando-o com a queda do sobrado. Às vezes, sentia-me ainda deformada, tal como ficara o corpo, aleijada, os ossos fraturados. E sabia que esse perigoso complexo poderia influir poderosamente na minha futura condição física terrena. Era o reflexo do suicídio, que, possivelmente, me acompanharia à reencarnação e talvez causasse a separação entre mim e Ygor, para que o testemunho fosse completo. Mas nada temi. É tão dolorosa a angústia do remorso na vida de Além-túmulo que nós, os culpados, a tudo nos assujeitaremos para nos libertarmos dela. Voltei-me para Deus, instruí-me nas recomendações dos Evangelhos, que são as vozes do Céu, e, passado algum tempo... renasci em Kazan e chamei-me Karla Alexeievna. O que foi a minha vida e o testemunho que dei à Lei de Deus, por mim infringida outrora, com o suicídio, tu o sabes. Hoje, sinto-me redimida daquele pecado. E aí está, meu caro Alex, a explicação que desejavas sobre a causa daquele aleijão que te incomodava. Foi ele a minha redenção!"

Seguia-se a assinatura firme de Karla Alexeievna.

A ledora interrompeu-se comovida. Aproveitei o silêncio harmonioso que se fizera e pedi, mentalmente, ao Espírito Karla, que eu sentia adejar ainda pelo nosso ambiente:

"Dize, querida tia, se possível: e hoje, estás junto do conde Rupert van Gallembek? Reencontraste-o na vida do Além? Esse esclarecimento será muito importante, muito significativo para todos nós, que também temos visto morrer os nossos entes amados..."

Passados alguns poucos instantes, a mão de Victorien Sardou agitou-se novamente, tomou do lápis e traçou o seguinte:

"Resta-me dizer que hoje sou feliz aqui, junto ao meu Rupert, o meu Ygor de outros tempos, a quem muito e muito tenho amado. Estamos unidos para sempre, sob as bênçãos da Lei suprema, porque nos amamos espiritualmente, porventura ainda mais ternamente do que em vidas passadas sobre a Terra, e não mais nos separaremos, porque o nosso amor sublimou-se na dor e no respeito a Deus Todo-Poderoso."

IX

Faz muitos anos que tudo isso se passou. Há mais de um século. No entanto, ainda hoje, quando me lembro de Karla e daquela sessão em casa do meu amigo Boris Polianovski, em presença do Sr. Victor Hugo e do Sr. Victorien Sardou, meus olhos enchem-se de lágrimas...

5

Evolução

Charles

[...] A doutrina da reencarnação, isto é, a que consiste em admitir para o Espírito muitas existências sucessivas, é a única que corresponde à ideia que formamos da Justiça de Deus para com os homens que se acham em condição moral inferior; a única que pode explicar o futuro e firmar as nossas esperanças, pois que nos oferece os meios de resgatarmos os nossos erros por novas provações. A razão no-la indica e os Espíritos a ensinam.[49]

I

Pelo ano 40 da era cristã, num recanto da Ásia, desde muito absorvido pela Pérsia, existia um pequeno país governado por um soberano déspota, orgulhoso e neurastênico, cuja única preocupação era o domínio sobre seus súditos escravizados e seus vizinhos mais fracos de

---
[49] KARDEC, Allan. *O livro dos espíritos*. Parte Segunda, cap. IV, q. 171.

poder. Chamava-se Sakaran, mas era apelidado "o temível", porque suas leis férreas a ninguém poupavam. Culpados e inocentes indefesos eram arbitrariamente esmagados sem possibilidades de escapar, pois o soberano punia à primeira impressão, conforme o estado bom ou mau dos seus nervos no dia em que era recebida a queixa do delito.

Era um soberano rico e belo, mas soturno e rude. Um sátrapa cioso de poder e autoridade. Jamais sorrindo, eternamente preocupado e meditativo, inquieto e, por vezes, deprimido sob a amargura indefinível de uma estranha angústia, incompreensível até para si próprio, ele era, acima de tudo, um homem infeliz, enigmático e avesso a quaisquer intimidades sociais que tentassem no intuito de o aliviarem do peso moral, que para todos significava a sua conduta. Dir-se-ia que sua alma fora tecida em bronze, pois era incapaz de um gesto ameno; que secreta chaga mortificava-a e que, para se vingar das próprias insatisfações, ele se afundava em crimes contra os seus súditos, criando para eles leis arbitrárias, promovendo guerrilhas pela região, ordenando saques e matanças.

Sakaran, não obstante, era culto, pois se instruíra com grandes mestres persas e egípcios, e com eles até sorvera preciosos princípios de que muito se valeria, posteriormente, o seu Espírito fadado a um longo e penoso giro de migrações terrenas.

Esse homem nunca amara.

Era sóbrio de apetites carnais, o que fazia admirar seus súditos. Suas inclinações maiores eram para as ciências, em geral, e a política externa. Todavia, corrompido em seus ideais, muito acomodado à época férrea em que vivia, deixara-se levar pelo despotismo, julgando-se no direito de estabelecê-lo como lei.

Corriam os primeiros anos após a presença do Missionário divino na Terra. Mas à região do magnata persa ainda não haviam chegado as

Sublimação

doces alvíssaras de Belém avisando que o reino do Céu se estendera sobre a Terra na pessoa do Cristo de Deus, que acabara de visitá-la.

Reinava calma no país de Sakaran, onde rebanhos riquíssimos de gados e campos de cereais ajudavam a abarrotar de ouro as arcas, cada vez maiores, do soberano temível.

Sakaran contava então 45 anos, mas sua aparência garbosa, sua elegância de príncipe, sua bela fronte, em que as cãs não haviam ainda brotado, davam-lhe o aspecto da juventude, que ele ainda não perdera.

Quinze esposas, escolhidas por seus emissários entre as jovens de maior perfeição plástica do país e dos reinos vizinhos, vicejavam ociosamente nos jardins do seu palácio de mármore e pórfiro, como flores de perfumes excitantes, para atraírem o soberano ao gosto pelo amor. Mas Sakaran não as amava, não se inclinava a preferências e, muitas vezes, ao visitá-las na sua reclusão florida, isto é, nos parques deliciosos onde as belas prisioneiras viviam quais fadas amorosas à espera de um gesto, de um olhar, de um sorriso do belo senhor que nunca as acariciava, muitas vezes, ao visitá-las ali, Sakaran apenas se dava ao trabalho de contemplá-las com indiferença ou perguntar-lhes se os servos eram atenciosos. Contudo, ao contrário de muitos soberanos da época, ele jamais as chicoteava, jamais as condenava a castigos ou as repudiava, senão por motivos de roubo ou adultério, o que raramente acontecia. E concedia-lhes liberdade, se as via constrangidas. Promovia, ao contrário, festins suntuosos a fim de às pobres cativas mimosear com diversões e alegrias próprias da sua condição. Então, era-lhes permitido bailar em público, exibir formas deslumbrantes aos olhares ávidos dos convidados, e Sakaran, muitas vezes, orgulhoso da perfeição do seu harém, permitia-se a gentileza de presentear os soberanos convidados com uma ou mais escravas da sua coleção, recebendo em troca outras tantas, ou partidas de gado, de milho, de algodão, de linho, de vinho ou objetos de Arte. O esplendor dessas festas, a singular beleza que esse estranho soberano — um esteta —

lhes imprimia tornaram-se famosos e repercutiam em outras regiões, atraindo a curiosidade dos ambiciosos.

Não obstante, a neurastenia desse Príncipe insensível e rude acentuava-se, fazendo que crescesse o seu despotismo e, em consequência, leis tirânicas continuavam martirizando o seu infeliz povo.

II

Chegara a época do aniversário natalício de Sakaran.

Por essa ocasião, era tradicional o príncipe receber as homenagens do seu povo, e ele próprio distribuía vinho, carnes, trigo, azeite, recebia presentes e oferecia à sua Corte uma de suas suntuosas festas.

Naquele dia, pois, passara horas recebendo presentes de seus súditos, presentes que podiam ser desde a simples flor ou um fruto até partidas de trigo, rebanhos ou joias preciosas.

Dentre seus serviçais destacava-se um pela lealdade verdadeiramente fraterna que devotava ao soberano e cujas funções eram mais ou menos idênticas às que hoje se atribuem a um procurador-geral e mestre de cerimônias, ao mesmo tempo. Esse homem era persa de nascimento, como o seu Príncipe, mas vivera durante algum tempo na Galileia e na Judeia, e ali se convertera ao Cristianismo desde que ouvira o discurso de Jesus de Nazaré proferido na colina, discurso a que chamavam Sermão da Montanha, e desde que vira o bom Mestre, tão compreensivo e consolador, pendurado numa cruz, como um malfeitor. Chamava-se esse homem Osman, era já entrado em anos e trazia um ideal para ele sacrossanto: converter seu soberano às suaves doutrinas do Nazareno, a fim de que, abraçando-as, Sakaran regenerasse os próprios sentimentos, assim abrandando os rigores no tratamento ao povo.

Sublimação

Osman trazia uma atitude simples, de inspirado pelo bem, era compassivo e sóbrio, modesto no trajar e no modo de viver, e uma barba branca, que se alongava até a cintura, dava-lhe o aspecto de apóstolo. Era esse homem, forte na sua singeleza, o anteparo que entre o soberano e aquele infeliz povo se interpunha, amenizando, quanto possível, a fereza das leis de Sakaran. Por sua vez, o Príncipe respeitava-o, reconhecendo-lhe superioridade entre o comum dos homens, e daí não se estender ele a excessos maiores.

Psicólogo e inspirado, Osman, como todo cristão convicto, compreendeu um dia que a Sakaran faltava um elemento precioso, irresistível, capaz de ajudá-lo a vencer a si próprio, modificando-lhe o temperamento: o amor real, sentimento extraído do coração, e não somente dos sentidos. Sakaran não amava nem mesmo a uma mulher. Sakaran possuía quinze esposas, o que era diminuta cifra para um soberano como ele. Possuía, mas esquecia de seus nomes, nem sempre as reconhecia no salão de suas festas e, frequentemente, preferia a convivência dos seus cães aos beijos das lindas deusas que encantavam os demais homens. Sakaran preferia estudar as ciências do Egito e dos velhos sábios persas às intimidades das alcovas de seda perfumadas a rosas e benjoim. E por isso passava longos dias e longas noites debruçado sobre velhos papiros e alfarrábios que, a peso de ouro, mandava seus emissários comprar nos velhos templos do Egito e da Arábia.

III

Naquele magno dia, em que seu soberano completava os 45 anos, em meio da suntuosidade do festim noturno, que excedia a toda a expectativa dos convidados, a figura respeitável de Osman apresentou-se diante do trono do soberano, que se achava rodeado das quinze formosas eleitas, ajoelhou-se com o respeito que lhe era devido e, rogando vênia para falar, exclamou docemente:

— Senhor, o último dos vossos servos deseja apresentar-vos também uma dádiva de aniversário. É uma joia grega, meu senhor, da mais perfeita lapidação, e sabeis que esse país, a Grécia, possui o inimitável dom de criar belezas...

O trono, agora armado a capricho no salão de bailados, estava a meio de uma mesa contendo iguarias finas, como se o Príncipe desejasse saborear alguma coisa enquanto se divertiria com as representações em sua honra. Estava ladeado de coxins e divãs, nos quais se espreguiçavam as odaliscas, isto é, as quinze esposas, de mistura com os cães do monarca. Não obstante, à direita do soberano levantava-se um coxim mais suntuoso que os demais, com espaldar estofado e braços igualmente estofados de veludo e franjas douradas. Era lugar destinado a uma hipotética favorita. Nenhuma de suas esposas, porém, jamais se atrevera a ali sentar-se, e o belo coxim continuava à espera de uma bem-amada, que não aparecia, ou de um herdeiro.

À frente desse admirável conjunto estendia-se a comprida mesa, muito apropriada para quem comesse preguiçosamente reclinado em divãs. Era baixinha, de pés muito curtos, e sobre ela taças, pratos e jarros de ouro incrustados de pérolas e outras gemas preciosas resplandeciam por sob as iguarias finas, as frutas, os doces e licores delicados, com que, de vez em quando, o soberano deliciava-se e brindava os cães, a despeito dos olhares ternos das esposas, que não eram lembradas.

Já os bailarinos haviam esgotado os seus recursos artísticos, esforçando-se por merecerem os aplausos do seu senhor. Já os músicos haviam tirado das flautas, das harpas, dos oboés e dos alaúdes os sons mais melodiosos da inspiração da época. Já os súditos haviam deposto riquezas aos pés do soberano, durante o dia todo, em homenagens servis. O eterno taciturno não deixava escapar, a tantas manifestações de apreço, um só olhar de satisfação, um sorriso de agradecimento. Indiferente e quase rude, ouviu o cumprimento de Osman e esperou o estojo em que

Sublimação

se mostraria a joia lapidada por artistas gregos, admirando-se por o servo não a ter apresentado imediatamente.

No entanto, Osman afastou-se e não apresentou estojo, por minúsculo que fosse. Caminhou alguns passos, fez um sinal, e a orquestra de flautas e alaúdes ressoou docemente as notas de um bailado sagrado dos templos gregos. Chuva de pétalas de rosas despejou-se sobre Sakaran, perfumando o recinto. O reposteiro vaporoso do fundo abriu-se lentamente, e uma bailarina seminua, trajada só de flutuantes véus, loura e formosa como um Sol que despontasse no salão, apareceu na pista imensa, em ritmos graciosos, desconhecidos dos persas.

A bailarina demorou-se num giro pelo salão. Não teve pressa de se ir postar aos pés do soberano, cumprimentando-o pelo seu aniversário, como seria de dever. Entrara bailando. Continuava a bailar. Suas formas mimosas, brancas e puras como a camélia, desenhavam-se sob as ondulações dos véus transparentes e eram contempladas com admiração pelos presentes, que viam nela a deusa do ideal em modelo humano. Resplandecia. Era como a estrela que viesse rebrilhar em honra ao soberano, suplantando o esplendor que o festim, até agora, apresentara a Sakaran.

Entretanto, a deusa humana parecia não se preocupar com o poderoso aniversariante. Dançava apenas, dançava... Sakaran sentiu o descaso. Franziu o cenho. Suas feições mais duras fizeram-se. Um frêmito de pavor correu pelo dorso dos convivas. Quem se atrevia a penetrar a sala do festim sem previamente prostrar-se de joelhos diante do Príncipe, a cumprimentá-lo humildemente? De repente, a bailarina, em ritmos caprichosos e requebros ardentes, ligeira, tonta de vivacidade, qual falena sedutora e irresistível, aproxima-se da mesa do festim. Acolá, do outro lado da mesa, Sakaran, admirado, mas de cenho carregado, olhava-a curiosamente. Ela virou-lhe as costas. Num requebro bizarro, verga o dorso sobre a mesa, mostra-lhe o rosto lindo e branco, assim, semicaída de costas, retira de uma fruteira uma cereja, trinca-a nos dentes e exclama risonha:

— Salve! meu Príncipe amado!

No entanto, subitamente, atrevidamente, virou-se, atravessando-se sobre a mesa, e, rápida, meteu o resto da cereja pela boca adentro do soberano e fugiu, continuando a bailar ao som dos alaúdes e das flautas.

No primeiro instante, Sakaran teve um gesto brutal. Levantou-se, de ímpeto, com uma punhada sobre a mesa, fazendo estremecer as taças. Levantaram-se as damas do harém, regrando o cenho, revoltadas, pelo cenho do soberano. Os guardas palacianos esperavam, angustiados, a ordem de pegarem a falena loura e a entregarem ao carrasco, para ser chicoteada ali mesmo, diante do soberano e seus comensais. Porém, a deusa dos templos gregos, certamente jogando com a sorte, e certamente, também, senhora do que fazia, voltou para junto da mesa e, sempre bailando, fitou de frente o monarca. Fitou-o longamente, com feição serena e doce, um meio sorriso nos lábios, a sedução nos grandes olhos cor de safira, o domínio nas atitudes intimoratas e tão poderosa na sua fragilidade e graça quanto a própria rudeza do soberano.

A ordem de prendê-la e chicoteá-la não foi dada. Sakaran sentou-se novamente. Sentaram-se as damas e os respectivos cenhos serenaram. Os guardas palacianos respiraram. Osman sorriu. A deusa grega arredou taças e fruteiras, sempre bailando, deixando um vazio sobre o centro da mesa, na qual se sentava Sakaran, e refugiou-se num extremo do salão. Sakaran, então, comeu os restos da cereja ainda retidos entre os dentes. Inesperadamente, a provocante deusa da Hélade[50] correu em volteios de dança do extremo do salão à mesa de Sakaran e, sem o mínimo respeito pelo Príncipe, galga a mesa de um salto, derrubando taças e fruteiras, e, pondo-se de pé diante dele, estende-lhe os braços para que a descesse da mesa.

Surpreso, o monarca levanta-se. Toma-a nos braços, desce-a da mesa e senta-se. Mede-a de alto a baixo, com os olhos negros e

---

[50] N.E.: Grécia.

brilhantes. Fita-a com uma curiosidade insólita para ela. Ela deixa-se admirar, sorridente. Não baixa os olhos, não se curva para beijar-lhe as mãos e, sem a mínima cerimônia, senta-se a seu lado, na cadeira vazia à espera de uma favorita.

Sakaran sorri e seus olhos rebrilham. Ela alteia seu riso, com faceirice. Um serviçal serve-lhe uma taça de licor, que ela sorve com os olhos embebidos no Príncipe. Este curva-se para ela e lhe diz, entre um sorriso e um amuo:

— Belo presente de Osman... És, com efeito, uma joia de alta lapidação... Mas és também uma criança atrevida. Desrespeitas um soberano...

E ela responde com doçura:

— Não, meu Príncipe, sou uma virgem que te ama...

— Como te encorajaste a agir assim?

— Era o único meio de prestares atenção em mim...

Ele sorriu novamente, fez uma pausa e continuou:

— És uma menina. Que idade tens?

— 17 anos...

— Criança! Hei de mandar castigar-te!

— Não farás isso. Sou grega de nascimento, mas romana por direitos adquiridos. Um grego é sempre livre, mesmo na escravidão. Um romano não pode ser escravo. Sou duas vezes livre no teu reino.

— E por isso me insultas?

— Não te insultei, meu Príncipe. Amo-te e desejei ser notada por ti.

— Onde nasceste?

— Em Delfos, fui consagrada ao templo...

— Quem te trouxe?

— Vim com meu pai, a passeio. Osman tornou-se nosso amigo. Há um ano que vivo no teu reino.

— Como me amas?

— Vi-te em teu parque, há seis meses, quando fazias saltar teus cães em um arco... Amei-te e pedi a Osman que me trouxesse a ti, como prenda de aniversário.

— Que esperas de mim?

— Nada. Apenas o teu coração.

— E se eu não to der?

— Tanto pior para ti. Desconhecerás a ventura de ser amado com fervor, ao passo que eu, jovem, terei soberanos a meus pés, quando quiser.

— Por que me preferiste aos gregos e aos romanos? Não sou jovem nem tão belo, e não sou bastante rico...

— Osman afirma que meu amor por ti é mistério trazido em minha alma com o nascimento...

— Osman fez-se cristão e enlouqueceu... Crê em lendas...

— Sim, ele é cristão. Crê na ressurreição das almas para a vida imortal.

— Essa crença é bela e consoladora. Osman fala-me dela com frequência. Se eu também pudesse crer... E tu, acreditas nisso? Mulheres gostam de fantasias e lendas...

— Não quero crer, por enquanto. É um compromisso muito grave com o Deus dos cristãos. Ele, o Deus dos cristãos, é poderoso. Dizem que, por amor aos homens, imolou seu próprio filho, fazendo-o vir à Terra para ensinar uma doutrina celeste, e o filho obedeceu, deixando-se supliciar numa cruz para exemplificar o amor e o perdão. Tudo isso é sedutor, mas tenho medo...

— É. Eu também tenho medo. Osman afirma que ele ressurgiu do túmulo três dias depois da morte. Ouvi falar muitas coisas a respeito desse filho do Céu que se imolou por amor à humanidade. Como te chamas?

— Sou Lygia.

A orquestra de flautas e alaúdes continuava a tocar suaves melodias. Mas eles não ouviam. Sentiam-se bem conversando, na companhia um do outro. Ela retirou uvas e comeu-as. De repente, pega do resto que lhe sobejou e mete-o novamente pela boca do soberano. De novo, ele se agasta e carrega o cenho. Ela solta uma risada infantil e diz:

— Meu Príncipe! Tu és o homem mais belo que conheço e o único digno de ser amado pelo meu coração!

IV

Dessa noite em diante iniciou-se uma singular transformação no caráter de Sakaran. Uma semana depois desposou a bailarina e fez dela a sua favorita. Tornou-se, então, o escravo mais humilde do seu reino, porque escravo do amor. Nenhum outro o sobrepujou em humildade, atenções e fervor pelo objeto do seu culto. Lygia, a jovem grega, tornou-se a soberana que dominou, acima de tudo, o coração e a vontade do monarca. Servindo-se de Lygia, Osman afrouxou o rigor de muitas leis e a situação do povo foi suavizada. A paixão do soberano pela linda estrangeira tornou-se popular. Os menestréis do país celebravam-na em doces baladas, os comentaristas inventavam lendas a propósito e todos admiravam o poder daquela criança travessa sobre o coração de um homem de 45 anos, que dantes tanto descaso tivera pelo amor. As quinze esposas do harém foram libertadas e mandadas para as respectivas pátrias ou lares. Os cães já não eram os preferidos. Lygia impôs sua vontade e seu escravo, o primeiro Príncipe do reino, cedeu-lhe aos caprichos. Amaram-se profundamente, sinceramente, e conheceram a felicidade.

Que mistérios sublimes se haviam infiltrado nessas duas estranhas almas, para que se dessem assim, repentinamente, uma à outra, aquela declinando para o inverno da vida, esta despontando num alvorecer pujante, vibrando de vida e esperanças?

Só Deus o sabe!

Lygia, porém, bem cedo morre subitamente, durante um festim brilhante, em que a envenenaram com uma taça de vinho, por questões políticas, segundo uns; certamente, diziam outros, por vingança das antigas esposas repudiadas.

Sakaran, então, enlouqueceu de dor. Mas antes de enlouquecer e matar-se a si próprio, sem poder suportar a desgraça que sobre ele caíra, ordena castigos excessivos aos suspeitos do crime, exige que se descubram os criminosos, enforca e tortura, a torto e a direito, desorientado e inconsolável na sua mágoa suprema.

E o tempo passou...

Sublimação

V

Depois de algum tempo como Espírito errante sofredor, durante o qual curtiu os efeitos terríveis do seu ato de suicídio; depois de padecer o inferno em que se tornara a sua consciência, em que visões surpreendentes se avolumavam, mostrando os crimes praticados contra o povo que governara, crimes rematados com um novo e grave crime: o suicídio; depois de procurar, como louco, alucinado, desesperado, a sua amada Lygia por todos os recantos daquela grande cidade que fora sua, e onde se vira festejado e respeitado, um dia Sakaran viu-se aprisionado por entidades para ele desconhecidas, as quais lhe murmuraram, intuitivamente, ao entendimento combalido e apavorado:

— Basta de desatinos. A Lei de Deus ordena que sejas socorrido, a fim de progredir e vencer!

Sakaran reencarnou, então, no próprio reino que fora seu, na própria cidade onde resplandecera como um sol, senhor cujas vontades eram leis. Mas voltou a ser homem não mais sobre o esplendor de um trono, não mais rodeado de glórias e bajulações, mas para sofrer o rigor das próprias leis que havia criado para os seus antigos súditos.

Agora, ele é mendigo, miserável, escravo, filho de escravos de senhores tiranos, que dele exigem trabalhos rudes, violentos, de sol a sol. É o infeliz que recebeu, como remate dos sacrifícios suportados, o sudário aviltante da lepra que o corrói, fazendo-o sofrer a dolorosa consequência dos desvios percorridos como soberano. Ele vive solitário, faminto, maltrapilho, sem lar, sem família, pelas sarjetas da feérica metrópole em que reinou, é o homem a quem todos repelem, a quem as crianças apedrejam e açulam os cães, a quem as autoridades impõem que se vá para o campo, que se refugie em alguma caverna, a fim de não contaminar os ares da cidade, onde vivem pessoas sãs. E ele obedece, afasta-se para fora da cidade, arrecadando pelas esquinas pedaços de pão que as almas boas lhe atiram das portas ou dos terraços. Sai... Volta... Torna a sair e torna a voltar, num vaivém dramático, à procura de alimento...

E, naquela cidade, que fora sua, padece a rudeza das leis que ele próprio criara no passado, quando fora soberano, para aquele povo oprimido e sofredor. Sofre, além do mais, a dor inconsolável de um amor perdido, que sua consciência registrara nos refolhos da alma, sente saudades indefiníveis daquele amor que lhe tortura a alma, segredando-lhe que já vivera feliz naqueles palácios de mármore e pórfiro, que ali se alinhavam e tanto o atraíam, os quais ele agora contemplava tristemente, invejoso dos magnatas que subiam e desciam, todos os dias, as suas escadarias polidas. Sofria, acima de tudo, o desejo não satisfeito de amar e ser amado; ânsias de ternura palpitavam em seu coração. Mas não lograra encontrar amor em sua vida e consolava-se a sonhar, retido na sua caverna ou estirado sobre a calçada daqueles palácios, agora fechados para ele. É que a sua Lygia não o acompanhara nessa existência punitiva. Perdera-a de vista, como Espírito, ignorando que também ela evoluía, como ele, por outras paragens da Terra, a fim de melhorar o próprio caráter na esteira do aprimoramento moral-espiritual.

No entanto, surgira uma nova aurora na desolada alma desse mendigo que fora rei.

Um dia, apareceu naquela cidade, que fora sua, um santo homem, simples e pobre, que sabia falar aos desgraçados e consolá-los. Ouviu-o de longe, afastado da multidão, como convinha a um leproso. Mas ouviu-o. Sua voz chegou até ele viva e fresca. O homem dizia-se um discípulo do Cristo de Deus que descera à Terra em missão redentora, e trazia uma mensagem de amor e esperança para os desgraçados. As doces vozes do Cristianismo, então, consolaram sua alma e lhe abriram estrada nova para o porvir. Fez-se cristão, foi ouvido e socorrido pelo bom homem, e consolou-se. A figura excelsa do Filho de Deus, expirando numa cruz por amor dos homens, apossou-se da sua alma para sempre, para nunca mais deixá-la. Suas lágrimas estancaram-se. A esperança iluminou-lhe o coração e a vida. As vozes do Cristo de Deus povoaram a sua solidão... e ele morreu confiante, na sombra da sua caverna.

E o tempo passou...

VI

Uma vez novamente no Além, reconheceu que a vida miserável de mendigo lhe fora salutar ao Espírito. Trouxera méritos para a vida espiritual e novas forças animavam-no a prosseguir na jornada de reparações. Fora resignado, não murmurara jamais contra a penúria da própria situação, procurara os caminhos que conduzem a Deus. Isso, a vida miserável, é benefício para aquele que a vive. O sofrimento, só, porém, não fora bastante. Seria necessário também reparações, realizações edificantes para a coletividade. Como agora sabia orar, pediu e obteve do Céu ensejos novos para melhorar-se, progredindo moralmente.

...E renasceu em Roma, a Roma dos Césares, o grande centro da civilização mundial.

Ocupa altos postos públicos. É culto, poeta, orador, fino político, escritor. Faz quanto pode por bem servir o povo, de quem se compadece. Sofre com as injustiças que observa praticarem contra o mesmo povo. É cristão, amado pelos cristãos. Sua ternura pelas doces vozes do Cristianismo consola-o e reanima-o a continuar na trilha do bem. Frequenta as catacumbas, onde ora, às ocultas, com seus irmãos de ideal, e a estes protege quanto pode, do alto da cátedra que ocupa. E consegue salvar muitos deles da prisão como das arenas do circo. Lygia segue-o agora, é sua esposa e ele é o seu escravo de sempre. Mas a formosa grega de outrora deixou-se invadir por paixões mundanas e já não é a bailarina travessa e simples de outro tempo. É a mulher ambiciosa que deseja abeirar-se do trono, quer vencer, galgando postos a despeito de quantas impossibilidades surjam. Lygia é sua esposa, bela, vivaz, fascinante como sempre, mas atraiçoa o esposo, que é modesto e sem ambições, perjurando o matrimônio nos braços de um amante. Apesar de tudo, ela o ama. Deixou-se, apenas, arrebatar pelos prejuízos do ambiente em que vive. Ele torna-se, porém, suspeito de cumplicidade com os cristãos e é assassinado por uma escrava a serviço do partido político a que pertence, a qual o apunhala numa emboscada em sua própria residência, atrás de um reposteiro.

Quanto a Lygia, desposa o amante, adapta-se à vida de Roma, repudia os cristãos e diverte-se no circo vendo-os morrer, perde-se na noite dos pecados.

E o tempo passou...

VII

Sopro de tragédias persegue, a seguir, esses dois Espíritos nos cenários de Roma. Eles se amam; apesar de suas falhas, nunca se abandonam. Reúnem-se hoje e separam-se amanhã, no decurso das encarnações, para se sentirem desgraçados com a ausência um do outro. Voltam a unir-se para se idolatrarem ainda mais, num impulso de amor sempre crescente, amor que tende a sublimar-se na espiral da evolução.

Entretanto, desce sobre o mundo o sombrio velário da Idade Média, com seus condestáveis e suas fogueiras. Viveram, então, algumas etapas ditosas, algumas vezes, em fases diferentes desses dez séculos de sombras. Ele foi príncipe, sacerdote, médico, professor, músico, poeta, artista, renovador de ideias, conspirador, operário, amigo dos humildes, protetor dos infelizes. Conheceu novamente tronos e governou. Conheceu prisões, condenações, injustiças, decapitação, riqueza, pobreza, amor, mas conservava-se fiel à sua fé cristã.

Sublimação

Algumas vezes, segue-o a sua Lygia na reencarnação, e ele se perturba nos trabalhos da própria evolução, com a violência do seu amor. Refugia-se, frequentemente, em claustros, seja ou não religioso, para o estudo, a meditação, o trabalho intelectual, o reconforto espiritual, o consolo ante a barbárie que lavra pelo mundo. Mas de lá, também, frequentemente, ela o arranca para compartilhar com ela, às vezes, tronos, de outras vezes, tálamos conjugais...

Vemo-lo, depois, na Índia, a velha pátria da Filosofia e do culto ao Espírito. Sua alma está cansada das paixões terrenas e aspira a placidez e a pureza do amor divino...

Abandona o principado que era seu... e agora é o solitário pensador que se refugiou do mundo para a conquista da espiritualidade. Inicia-se nos augustos meandros das Ciências secretas. Familiariza-se com o Além, penetra mistérios espirituais e galga elevados postos a que pode aspirar o adepto da Luz nos templos sagrados da Índia.

Na sua vida de sábio, de mestre espiritualista existia uma sombra de saudade que a Ciência não podia preencher. Desde muito, Lygia estava ausente dele. Ela perturbava o seu progresso. A Justiça do Alto, então, afastou-a para que ele obtivesse liberdade e tranquilidade para trabalhar, realizar, evoluir, espiritualizar-se.

A partir do estágio reencarnatório na Índia, o amor humano perdeu sentido para ele e ele passou a amar Lygia e o próximo num único hausto de amor espiritual. Nada mais havia nele que lembrasse Sakaran. Dezenove séculos de sofrimentos, de trabalho e realizações transformaram-no. Ele expiara, sofrera, lutara, trabalhara, amara, servira, vencera a si próprio e renovara-se para Deus. Progredira. Conhecera a peleja pelo progresso por meio de todas as classes sociais. Educara-se. Completara-se. Merecia, pois, um prêmio e obteve-o: no século XVI, deu a vida pelo Evangelho do Cristo de Deus, nos trágicos dias de São Bartolomeu, quando do massacre dos protestantes, na França de Catarina de Médicis e Carlos IX.

Morrer pelo Cristo! Era a glória suprema para aquele que ressuscitara do pecado ao chamamento irresistível do Sermão da Montanha!

Nos dias presentes, o antigo soberano persa é feliz: serve ao Cristo de Deus, seu Mestre, na pessoa do seu próximo, encarnado ou desencarnado, o qual lhe merece todo o amor. Desfruta da confiança do Alto. Serve a Arte, a Filosofia, a Ciência, o amor, a caridade, prosseguindo sempre na ascensão para a Luz. E Lygia segue-o, espiritualmente amada, com ele aprendendo a amar e servir a Deus.

VIII

...Eu fui Sakaran...

6

NINA

CHARLES

[...] Amai, portanto, o vosso próximo; amai-o como a vós mesmos, pois já sabeis, agora, que, repelindo um desgraçado, estareis, quiçá, afastando de vós um irmão, um pai, um amigo vosso de outrora. Se assim for, de que desespero não vos sentireis presa, ao reconhecê-lo no mundo dos Espíritos!

(Irmã Rosália)[51]

I

Naquela noite de início de inverno, levava-se à cena, no Teatro da Ópera de Madri, "O barbeiro de Sevilha", de Gioachino Rossini,[52] inaugurando a temporada. Essa bela ópera fora estreada havia pouco tempo, na Itália, e agora corria as capitais da Europa, em récitas de gala, onde uma sociedade brilhante se reunia a fim de aplaudi-la.

---

[51] KARDEC, Allan. *O evangelho segundo o espiritismo*, cap. XIII, it. 9.
[52] N.E.: Gioacchino Antonio Rossini (1792–1868) foi um compositor erudito italiano, muito popular em seu tempo, que criou 39 óperas.

O conde Ramiro de Montalban era apaixonado admirador da boa música, conhecia pessoalmente o autor da peça, visto que fizera, ele mesmo, um curso de piano em Milão, e ansiava por essa estreia em Madri, sua terra natal. Possuía, portanto, o seu camarote na ópera e, naquele dia, após o almoço, escreveu a seguinte carta à sua noiva, mandando entregá-la à residência da mesma pelo seu criado de quarto Manuel Garcia:

"Minha querida Constância,

Estreia hoje na ópera a peça de Rossini, da qual te falei há dias. Anseio por assistir a ela, mas desejaria que me acompanhasses. Irei buscar-te às oito horas, pois o espetáculo começa às nove e não quero perder uma só cena do primeiro ato, apesar de ser elegante chegar-se ao teatro com a peça já começada. Espera-me preparada.

Teu Ramiro."

O conde De Montalban era um jovem madrileno de 26 anos, herdeiro de tradicional nome da nobreza espanhola, mas, na ocasião, já havia consumido parte da própria fortuna em obras de filantropia, porquanto repartia-se em ações benemerentes por toda parte, mantinha um hospital quase que exclusivamente à própria custa, protegia órfãos em casas de caridade e sua própria residência — o Palácio Montalban — era como que um albergue de socorro aos necessitados, pois ocasiões havia em que os hóspedes que recebia eram mães sem domicílio, crianças doentes, jovens sem recursos, os quais eram por ele orientados e recuperados, além de estudantes e artistas pobres, carecedores de estímulo e auxílio. Todos sentavam-se com ele à sua mesa, ainda que outros convidados, aristocratas como ele próprio, estivessem presentes. Fundara, ademais, unido a amigos igualmente idealistas, a Associação Beneficente de Recuperação da Juventude, e, então, via-se o milagre de almas juvenis, já perdidas no vício, serem reerguidas para a vida honesta e aproveitável. Muitas dessas almas eram, antes, infelizes, abandonadas, e não perversas. D. Ramiro compreendia o doloroso problema e, com

Sublimação

o auxílio dos companheiros, fazia-as ressurgir para Deus e para si próprias. Esses companheiros, por sua vez, eram sempre espiritualistas: esoteristas, teosofistas, rosacrucianistas etc. Os espíritas, porém, ainda não haviam recebido essa definição, muito embora a crença na reencarnação e na comunicação dos Espíritos fosse desde muito aceita e praticada. Isso, porém, aquele tipo de hospedagem, desesperava os criados, a quem repugnava servir tal classe, principalmente a Manuel Garcia e sua mãe, a governanta Rosária Maria do Espírito Santo. Também à sua noiva, a bela Constância de Vilares, esses "excessos" de caridade, como ela classificava a filantropia do noivo, contrariavam profundamente, pois temia vê-lo completamente arruinado com os gastos que era obrigado a fazer em tais serviços. Constância era bela e rica, contava 20 anos e era também extremamente orgulhosa, longe se achando de participar dos sentimentos generosos do noivo para com os sofredores e os pobres deste mundo.

Ramiro era médico, filósofo, pianista, culto e possuidor de coração amoroso, um homem avançado para a sua época, ansiando expandir-se em haustos de beneficência para com a humanidade. Profundo adepto de doutrinas espiritualistas, amava o Evangelho do Cristo e procurava observá-lo, com imenso fervor pela doutrina do Mestre. Era, ademais, cavaleiro de Rosa-Cruz e filiado a certa Loja Maçônica de Paris, respeitado pelos companheiros de ideal como exemplo de honradez e retidão de caráter, apesar da sua juventude. Não alimentava preconceitos, senão respeito pela sociedade e a própria consciência, e não se diminuía em manter relações de amizade com as classes pobres, e até com ciganos. Viam-no, portanto, frequentemente, pelos bairros pobres ou sórdidos, pelos cortiços, pelos hospitais, levando seus préstimos de médico, a sua assistência humanitária e a sua fraternidade cristã.

Um amigo inseparável acompanhava-o nesses incansáveis giros, também médico e tão humanitário quanto ele, o visconde Carlos de C..., a quem a fortuna jamais favorecera, pois não possuía rendimentos, mas a quem as virtudes engrandeciam no conceito geral.

Ramiro de Montalban tinha uma irmã, a jovem Cristina, aluna das freiras dominicanas, tão nobre e tão generosa como seu ilustre irmão. Cristina de Montalban e Carlos de C... amavam-se, mas as dificuldades interpunham-se entre os dois jovens, pois os demais membros da família, a exceção de Ramiro, opunham-se ao casamento, dada a obscuridade de Carlos, possuidor de um título, é verdade, mas simples médico que trabalhava para viver, enquanto ela usava um dos nomes mais ilustres da Espanha.

Naquele dia de récita de gala no Teatro da Ópera, depois do jantar, o jovem titular Ramiro de Montalban preparou-se, com apuro, auxiliado por Manuel Garcia, e, julgando-se bem, fez vir a carruagem dos dias solenes e foi buscar a noiva, chegando à sua residência às oito horas em ponto. Constância, porém, não se apressara e por isso não estava pronta. Sabendo que o noivo chegara, mandou dizer-lhe, pela criada, que esperasse, pois a peça subiria à cena às nove horas e eram apenas oito. Ramiro não se opôs, mas, a fim de apressá-la, não subiu ao salão; deteve-se no vestíbulo, ali esperando, de pé, durante meia hora, em palestra com o porteiro.

Essa espera teria influência poderosa nos acontecimentos que se seguiram em torno das nossas personagens.

II

Constância era portuguesa de nascimento, filha de um fidalgo português e de uma espanhola da alta burguesia. Era dona de boa fortuna herdada dos pais, pois sua mãe levara para o casamento, além de uma grande beleza e o talento de cantora lírica, bens valiosos e o solar onde residia agora a própria Constância. Além dessa fortuna, possuía também uma aprazível e próspera quinta nos arredores de Lisboa, onde nascera. Repartia o tempo, assim, entre as duas residências, de Portugal e da Espanha, mas, uma vez tornando-se prometida do conde Ramiro, demorava-se agora em Madri, afeiçoada à convivência do mesmo. Era

Sublimação

órfã, visto que a mãe morrera cedo, e fora criada pelos avós e por uma governanta, a qual a amava com desvelos maternais, e essa governanta outra não era senão a mesma Rosária Maria do Espírito Santo, agora governanta da residência de Ramiro. A tal se decidira porque, excessivamente ciumenta, ciosa de todos os momentos e pensamentos daquele a quem desposaria, Constância convencera Ramiro da necessidade de uma boa direção em sua casa, visto que ele vivia só e recebia, frequentemente, grupos de estranhos e deseducados como hóspedes. Rosária manteria ali o respeito e a disciplina, enquanto zelaria pelas despensas, evitando o desperdício, guardando ainda os objetos de Arte e a conduta dos demais criados e dos mesmos hóspedes. Manuel, seu filho, a auxiliaria, pois eram ambos da inteira confiança da família Vilares, porquanto, se Rosária fora a ama de Constância, Manuel fora o seu colaço e a seu lado crescera sob o teto da velha mansão de Lisboa.

Ramiro compreendeu que a noiva tinha razão e sua visão fora muito acertada, tentando ajudá-lo, pois sua casa necessitava mesmo de uma direção fiel e amiga, e aquiesceu plenamente. Constância, portanto, a partir da instalação de Rosária na mansão, que em breve seria também sua, era posta a par de tudo o que ali se passava, até mesmo da correspondência de Ramiro, a qual era lida por Manuel, às ocultas, e narrada a Constância fielmente, quando não era possível levá-la para que a própria Constância a examinasse. A data do casamento estava marcada para a primavera, pois Ramiro desejara refazer as pinturas do seu solar antes das bodas.

* * *

Meia hora depois de sua chegada ao Solar dos Vilares, Ramiro de Montalban tomou a carruagem com a noiva e partiu para a ópera. Iam sós, o que não era usual nem muito recomendável para uma senhorita da época.

Marchavam normalmente os quatro cavalos da carruagem quando, de súbito, estacaram. O cocheiro voltou-se e esclareceu:

— Senhor conde, impossível passar pela praça. Fizeram escavações, há montões de terra e pedras e um valado, por aqui...

— Como fazer, então? Por onde seguir para atingirmos o teatro?

— Teremos de voltar, senhor, subir a pequena Ladeira dos Pilares e passar pela rua de cima, a Rua dos Ciganos... e sairemos na Avenida Novo Mundo...

— Oh! É uma rua pouco recomendável, a dos Ciganos... Dizem que... — interveio Constância.

— Não importa, Felício, prossegue. Devo chegar ao teatro antes da abertura.

Felício fez voltar os cavalos e a carruagem, não sem certa dificuldade, tomou pequeno declive à esquerda e continuou em marcha normal à um veículo pesado por uma rua estreita, escura e maltratada.

Subitamente, porém, os cavalos estacaram pela segunda vez e vozes de uma pequena multidão que aplaudia alguma coisa fizeram-se ouvir, seguidas de palmas e pedidos:

— Outra vez! Mais um número, mais um! Pagaremos bem! Queremos ver Nina dançar. Nina! Nina! Nina!...

— Que mais temos agora, Felício? Outra escavação? — indagou o conde.

— Não, meu senhor, não há escavação aqui. Estamos diante do Albergue Boa Estrela, há um tablado à frente do prédio, iluminado por lanternas, e Nina dança na rua para atrair a freguesia para dentro. A função inicia-se às 20h30, diariamente, acaba de começar, e irá pela noite adentro, até a madrugada...

— Quem é Nina? — perguntou a um só tempo o casal de noivos.

Sublimação

— É uma jovem cigana andaluza, que faz sucesso agora por aqui, entre as rodas boêmias, com os seus belos bailados e danças folclóricas de nossa Espanha. Canta e dança como uma deusa... Olhai, senhor, lá está ela, começando a bailar novamente, enquanto os violinos ciganos reiniciam a música...

A multidão afastou-se, dando passagem ao veículo, reconhecendo na carruagem o brasão de D. Ramiro de Montalban, humanitário médico, estimado e respeitado como amigo e protetor das classes pobres. Mas este, curioso de ver o que se passava na rua, ordenou:

— Para, Felício!

E os cavalos pararam em frente a um tablado erguido diante de um como que clube, um cabaré mais ou menos bem montado. Através dos vidros da casa, via-se uma pista circular para danças, mesinhas para os repastos, lanternas acesas, guirlandas de flores e de frutas enfeitando as paredes e os candelabros, e reposteiros pelas portas, tudo muito berrante, mas convidativo aos boêmios e noctívagos. Ali se reunia a boêmia de Madri, até altas horas da madrugada, para dançar, comer, beber, jogar, e até mesmo fidalgos e filhos de boas famílias, militares, artistas, estudantes não desdenhavam de ali se divertirem, ouvindo as belas orquestras ciganas ao lado das lindas bailarinas que sem cessar apareciam. Nessa temporada, Nina era a atração maior, com sua beleza invulgar, seus risos convidativos, seus bailados sensuais e suas facilidades inebriantes.

D. Ramiro suspendeu o cortinado da janelinha da carruagem, olhou para fora e viu Nina dançando como numa vertigem, mal tocando o solo do tablado com seus pezinhos ágeis, que pareciam possuir asas.

Um calafrio de insólita emoção percorreu as fibras sensitivas do moço fidalgo, seguido de uma angústia e um mal-estar inexplicáveis. Ele teve um gesto de surpresa, que não passou despercebido a Constância.

Sensação penosa sobreveio, e ele como que se interrogava no íntimo de sua alma tocada de aflição:

— Mas como pode "ela" estar aqui, neste ambiente sórdido? Por quê? Por que "ela" está aqui? Não, não pode ser, isso é um crime, não posso concordar com isso!

Mas... ela, quem? Ele não conhecia aquela bailarina de rua. Era uma cigana de Andaluzia, ele nunca a vira, senão naquele momento. Por que então se inquietava por ela? Por que aquela aflição do coração? Por que a emoção que lhe oprimia a alma e resfriava as mãos? Ele olhava, olhava num interesse doloroso. Que tinha ele a ver com aquela cigana? Esqueceu Constância, esqueceu "O barbeiro de Sevilha"...

No entanto, a música cessou e a bailarina fez alto. Surgiram os aplausos e as espórtulas caíram sobre uma salva de metal que ela estendia para o público.

D. Ramiro puxou a carteira, retirou uma nota de banco e mandou Felício levá-la até Nina. Esta agradeceu sorridente, sem saber quem a obsequiava tão generosamente. Constância, porém, observou:

— Toque os cavalos, Felício, estamos atrasados...

E a carruagem partiu a trote largo, sem que Ramiro proferisse mais um só monossílabo.

Durante a representação da ópera, pareceu prestar grande atenção a tudo, mas não fez comentários. Estava pensativo e preocupado, e Constância notou-o. Apenas, de vez em quando, consultava o relógio.

À meia-noite terminou o espetáculo e ele reconduziu a noiva à sua residência. Era preciso passar pela Rua dos Ciganos. Passaram, mas Ramiro pareceu não prestar atenção ao Albergue Boa Estrela, quando passaram à sua frente. Continuava tudo festivo e iluminado por ali. A rua mantinha-se deserta. Forte geada molhava o tablado onde horas antes Nina dançava, e fazia frio. Ao despedir-se da noiva, no vestíbulo, esta convidou-o:

— Entremos, meu amado, e tomemos o café juntos, faz frio...

— Não, minha querida, não é aconselhável. É quase uma hora da madrugada...

Beijou-a na fronte e retirou-se, mas Constância deteve-o:

— Promete, Ramiro, que não irás àquele albergue...

Ele teve uma estranha expressão de enfado e respondeu apenas:

— Não sejas tolinha, minha querida, nem penses em coisas que não deves pensar...

III

> [...] Ponderai também que muitas vezes a criança que socorreis vos foi cara noutra encarnação, caso em que, se pudésseis lembrar-vos, já não estaríeis praticando a caridade, mas cumprindo um dever.
>
> (*Um Espírito familiar* – KARDEC, Allan.
> *O evangelho segundo o espiritismo.* Cap. XIII, it. 18.)

Retomando o veículo para retornar à sua casa, D. Ramiro não precisaria passar pela Rua dos Ciganos. Não obstante, ordenou ao homem da boleia, mal sentou-se nas cômodas almofadas do carro:

— Vamos ao Albergue Boa Estrela, Felício...

O criado sorriu imperceptivelmente e disse consigo mesmo:

— Também o senhor, D. Ramiro?!...

Era pouco mais de uma hora da madrugada quando o jovem conde empurrou a porta movediça e penetrou o recinto do Albergue. O salão estava repleto de visitantes e, na pista de bailados, Nina dançava ainda, agitava-se como tomada de vertigem, criando figuras consecutivas, acompanhada da música e de um arrebatador coro de castanholas.

Foi imediatamente reconhecido, e mais de uma voz sussurrou surpreendida:

— O senhor, D. Ramiro, aqui?!...

Ele aproximou-se da pista e deteve-se a apreciar a dança. Suas feições estavam carregadas, as sobrancelhas franzidas, denotando preocupação, e a angústia a oprimir-lhe o coração.

Um cigano que, pelos modos, era o chefe do grupo que se exibia, disse algo a Nina, que ele não pôde ouvir, ao voltar da bailarina pelo local em que o mesmo se achava. A jovem cigana, então, veio, aos requebros, para junto do conde, rodopiou, provocadora, à sua frente, e, em dado momento, deixou que o corpete do vestido deslizasse pelos ombros, desnudando-lhe o seio, e, nesse estado, continuou dançando. Mas rápido, tão rápido que muitas das pessoas presentes não o notaram, o prometido de Constância tirou a própria capa que trazia, avançou para a bailarina e envolveu-a nela, retirando-a da pista.

Houve protestos:

— Não pode ser, queremos vê-la dançar, pagamos para isso...

Porém, o conde não respondeu. Soberbo e digno, encaminhou-se com ela, amparando-a pelos ombros, como um pai à sua filha, para uma mesa próxima, fê-la sentar-se e exclamou em voz alta e enérgica, como se tivesse autoridade sobre ela:

— É um crime te obrigarem a dançar até agora. Há quatro horas que te extenuas, estás exausta, estás desfigurada! É um crime, é um crime!

Os protestos silenciaram. D. Ramiro era conhecido como filantropo. Era médico. Possuía, com efeito, autoridade.

— Senhor, já que vos interessais por mim, pagai-me a ceia... Tenho fome — suplicou a bailadeira com voz humilde, na qual se adivinhavam lágrimas.

Ramiro fez vir a ceia e sentou-se à frente dela sem, contudo, participar da refeição. Pegou, porém, das mãos dela, como auscultando-as, tocou-lhe a fronte e verificou que a infeliz tinha febre.

O chefe dos ciganos — Michaelus — apresentou-se:

— Perdão, meu fidalgo... Mas a minha bailarina deve voltar à pista. Não posso dispensá-la, o público reclama... Meu prejuízo será grande...

Compreendendo que o cigano queria explorá-lo, mas não desejando escândalo, interrogou-o:

— Quanto queres para deixá-la em paz?

Michaelus fez uma vênia cínica, sorriu e respondeu:

— À sua vontade, meu fidalgo...

Ramiro, então, atirou-lhe uma pequena bolsa cheia de moedas, enquanto perguntou a Nina, que se sentia tímida e como envergonhada, e o cigano se retirava:

— Quem é este homem?

— É o meu amigo, senhor. Sou escrava dele. Ele explora os meus serviços, vende-me a outros homens, como agora o fez, o dinheiro que ganho é todo dele, bate-me, e o pouco que me dá mal chega para não morrer de fome. Quero libertar-me dele. Mas como? Sim, estou doente, senhor, mas não me posso tratar...

O prometido de Constância ouvia constrangido, os olhos fitos na interlocutora, que ceava com apetite.

— Queres libertar-te dele, disseste?

— Sim, meu senhor, mas não sei como fazer.

— Não gostas da tua profissão?

— Meu fidalgo, sou desgraçada demais para poder gostar disto... Vivo no inferno, senhor, não conservo esperanças de me libertar dele, quisera poder viver honestamente, tranquila... A dança atrai-me, mas, ultimamente, cansa-me muito.

— Eu te libertarei de tudo isso. Como te chamas?

— Eponina Vidigal.

— Então, não és cigana?

— Não, senhor! Passo por cigana porque isso convém a Michaelus.

— E teus pais, tua família?

— Morreram. Meu pai era saltimbanco. Era um grande artista do trapézio e do hipismo de picadeiro, e também bailarino. Foi ele que me ensinou a dançar. Minha mãe morreu quando eu tinha 3 anos. Quando completei os 17 anos, meu pai morreu. A companhia prosseguiu, mas um fidalgo desgraçou-me... e minha madrasta lançou-me fora porque eu ia ser mãe...

— E teu filho?

— Morreu com 1 ano, por falta de tratamento. Um comerciante judeu, que me amava e se compadecia de mim, socorreu-me. Deu-me um quarto para morar, nos fundos da sua loja. Mas um seu cunhado matou-o, atirando-lhe um pedaço de ferro à cabeça, num dia em que ele espancava a mulher por minha causa, pois ela me ofendera muito. Ela tinha ciúmes e me maltratara. E fui novamente posta fora. Todos me põem fora... Meu filho nasceu em casa dele... mas, então, ficamos na miséria. Foi então que Michaelus apareceu. Eu sou judia de Andaluzia, senhor, não cigana, mas os meus irmãos de raça desprezam-me porque envergonho nossa tradição...

— Que idade tens, minha filha?

— Tenho 20 anos, senhor, eu os completarei de hoje a dois meses...

As lágrimas corriam lentas, por suas faces, enquanto ela ceava e falava. D. Ramiro perguntou ainda:

— Onde moras?

— Num cortiço do bairro cigano. Não é longe daqui...

Nina terminou a ceia. Ele pagou a despesa. Em seguida, levantou-se e ajudou-a a levantar-se, pois ela estava exausta, quando disse:

— Vamos para tua casa. Eu te levarei. Precisas descansar.

Saiu amparando-a pelos ombros, comovido por suas desgraças, nas quais acreditou sinceramente. Os circunstantes não o notaram. Tais acontecimentos eram comuns ali e outras bailarinas exibiam-se, deleitando o público. Fazia frio. Nina continuava envolvida na ampla e perfumada capa do seu protetor filantropo. Tomaram a carruagem, que estacionava à frente do albergue, e partiram para o bairro cigano.

Após cerca de vinte minutos de marcha pararam, à indicação da bailarina, em frente a um grande portão ladeado de muros sólidos, numa rua escura e maltratada. Felício teve medo e reclamou:

— Senhor conde, isto aqui é perigoso, pode-se ser assaltado...

— Não tenhas receio, Felício. Nada nos sucederá. Voltarei imediatamente.

Desceu da carruagem e fez descer a dama com a galhardia com que se habituara ao trato com as senhoras do seu nível social. O portão estava aberto de par em par. Havia uma lanterna de vela de sebo alumiando o caminho, pendurada a um ângulo do muro, cujos reflexos mortiços emprestavam tons sinistros ao recinto. Desceram um suave declive e, logo, Ramiro encontrou uma pracinha rodeada de casas toscas, velhas, compostas de uma saleta e uma cozinha, e uma escada, e um quarto no andar superior. Dir-se-iam míseros pombais. Algumas mulheres sentavam-se pelo chão, misturadas aos seus homens, comendo, bebendo ou cantando canções obscenas. À direita dessa praça, havia outro portão, dando para um pátio mais estreito que o primeiro, cujas casas, idênticas às demais, eram, contudo, menos arruinadas. Falava-se, nesse pátio, em voz alta e, numa varanda que ornava a casa maior — residência de Michaelus —, mulheres deitavam-se envolvidas em suas mantas, enquanto os homens que as visitavam bebiam, jogavam e fumavam. Várias lanternas penduravam-se no teto dessa varanda, alumiando sinistramente o antro.

Nina entrou por esse segundo portão, acompanhada pelo filantropo. Risos sufocados, talvez de surpresa, chegaram aos ouvidos do prometido de Constância, que se encontrava vestido em grande cerimônia, isto é, trajando casaca, visto que dera a capa à bailarina:

— Hem?! Que vem a ser isso? Ora vejam! Michaelus terá bons lucros... Nina "ganhou" um fidalgo! E vem enrolada em sua capa... Boas noites, senhor fidalgo! Boas noites, senhorita!...

D. Ramiro correspondeu delicadamente às saudações recebidas, entrou na saleta da casa de Nina, cuja porta estava fechada pela velha aldraba, subiu a escada, cujos degraus rangiam sob seus pés, penetrou o quarto da bailarina. Esta acendeu uma vela. Então Ramiro examinou, rapidamente, tudo e pôde presenciar a miséria em que vivia aquela pobre mulher que ele acompanhara: um leito sórdido, com trapos para aquecer; uma mesinha, um velho espelho, roupas penduradas em pregos pelas paredes, aqui e ali, já em mau estado, porque as fantasias vistosas dos bailados pertenciam à companhia, e uma bacia e um jarro de estanho com água. Cavada na parede, que era dupla, como soem ser as paredes das velhas casas coloniais para a pobreza, uma estufa ridícula, em que a infeliz se aquecia e cozinhava, quando havia lenha.

O fidalgo nada comentou, disse apenas:

— Deita-te e repousa, minha filha. Amanhã mandar-te-ei buscar antes do almoço, para o hospital. Precisas ser examinada e tratada. Sou médico e tenho um hospital. Serás internada nele. Eu tratarei de ti. E lembra-te do que te vou dizer: não vejas em mim um homem que te deseja por companheira. Absolutamente, não é isso! Sou um teu irmão que deseja ajudar-te, suavizando teus sofrimentos. Deita-te e dorme. Estás exausta!

Disse-o com a destra sobre sua cabeça, e retirou-se. Nina deteve-o:

— Esquecestes vossa capa, senhor. Aqui está! Fico-vos muito grata.

— Envolve-te nela, minha filha. Está frio, ela agasalha bem...

Retirou-se, causando surpresa até mesmo a Felício, que o esperava cheio de medo.

Nina deitou-se aturdida, sem nada compreender, julgando sonhar, tremendo de febre e de emoção. E pôs-se a chorar.

Quando D. Ramiro de Montalban chegou ao seu Solar, eram três horas da madrugada. Manuel Garcia esperava-o alarmado. E, como gozava de liberdade naquela casa benemérita, respondeu à saudação do amo com as seguintes palavras:

— A ópera dessa vez terminou tarde, senhor conde...

D. Ramiro não respondeu e retirou-se para os próprios aposentos, fechando-se neles. Dispensara, pois, os serviços do criado. Depois, despindo a casaca e o colarinho, pôs-se a passear pelo quarto, indo e vindo sobre os tapetes, preocupado, o cenho carregado. Em seu coração, porém, havia esta interrogação:

— Meu Deus! Meu Deus! Deve ser ela, sim! Deve ser a minha pobre irmã do passado... Que hei de fazer, meu Deus? Como socorrê-la, como?...

IV

Em verdade vos digo, todas as vezes que isso fizerdes a um destes mais pequeninos dos meus irmãos, será a mim que o fazeis.

(JESUS)[53]

Por esse tempo, Allan Kardec ainda não aparecera com a Codificação do Espiritismo. Estava, porém, às suas vésperas, e os Espíritos, mensageiros do Cristo, que deveriam realizar esse magnificente trabalho, não

---
[53] MATEUS, 25:40.

Sublimação

poupavam esforços, a fim de despertarem as atenções dos homens para os assuntos espirituais. Em toda a Europa e também na América faziam-se as experiências por intermédio do fenômeno das mesinhas girantes, e revelações importantes, ditados autênticos, noticiário edificante eram concedidos pelo Senhor àqueles que, sincera e criteriosamente, desejavam investigar a Ciência de Além-túmulo que assim se apresentava, tão singelamente, provinda do Infinito, para engrandecer e consolar o mundo. Acresce a circunstância de que D. Ramiro de Montalban era adepto convicto de doutrinas espiritualistas transcendentes, conhecia o Esoterismo, a Teosofia, era um estudioso que buscava aprender tudo, sobre os destinos da alma humana e sua imortalidade, nas fontes capacitadas que lhe mereciam confiança. Conhecia o noticiário, então existente, sobre fenômenos e manifestações de ordem extra-humana a respeito do famoso Swedenborg,[54] aceitava fielmente a reencarnação, tão conhecida daquelas doutrinas, e, frequentemente, obtinha sobre ela ensinamentos valiosos por meio do fenômeno das mesas, em reuniões realizadas com pesquisadores e estudiosos de Madri e de Paris.

Ora, certo dia, durante uma dessas reuniões, fenômenos edificantes foram obtidos, um ano antes dos acontecimentos aqui narrados, e, a certa altura, a mesa ditou, usando as pancadinhas clássicas, esta sensacional advertência:

"A ti, irmão Ramiro, devo prevenir de um fato que terá importância capital em tua vida. Esses avisos são concedidos, preferentemente, por sonho. Mas tenho ordem de ditar diretamente, por este meio, o que acontecerá contigo, a fim de que a convicção de todos vós, nestes fenômenos, firme-se para sempre, porquanto vejo que alguns dentre vós vacilam em aceitá-los: encontrarás, em teu caminho, uma alma que te foi sumamente cara em passadas encarnações terrenas. Grande amor espiritual vos une. Mas ela cometeu um grande crime perante a Lei suprema: suicidou-se,

---

[54] N.E.: Emmanuel Swedenborg (1688-1772) foi um filósofo místico sueco (médium de grande poder). Nasceu em Estocolmo e morreu em Londres. Teve visões, estabeleceu relações com o mundo espiritual, fazia revelações importantes e criou numerosos discípulos. Previu determinadas e importantes descobertas como a cristalografia e os seus princípios essenciais, e outras.

depois de malbaratar, moralmente, a própria vida. E reencarnou a fim de expiar o crime em condições amargurosas."

D. Ramiro não deu mais do que relativo crédito a esse aviso, pois conviria não aceitar ao pé da letra esses noticiários, que poderiam ser obra de um habitante folgazão do plano invisível, disposto a divertir-se à custa dos homens crédulos. Passados alguns dias, no entanto, sonhou que, caminhando pelas ruas de Sevilha,[55] deparou com uma bela bailarina de rua, a qual lhe pareceu uma cigana. Sua surpresa foi grande, pois reconheceu na bailarina, pouco menos do que uma mendicante, sua irmã Angélica. Grande emoção sacudiu-lhe a alma. Correu para ela, tomou-a nos braços com infinita ternura e exclamou em lágrimas:

— Ó minha querida Angélica, tu, aqui, neste estado?...

Acontecia, porém, que, em sua presente existência, o moço fidalgo não possuía irmã por nome Angélica. Sua única irmã chamava-se Cristina e era aluna das freiras dominicanas, não uma cigana bailadeira. Só poderia o sonho referir-se, portanto, a uma existência passada, conforme o afirmara o fenômeno da mesa.

Despertou emocionado, retendo nas lembranças o semblante belo e triste da jovem, suas vestes berrantes de dançarina de rua e seus requebros galantes.

Com o decorrer dos dias, no entanto, as impressões aquietaram-se e ele não mais pensou no fenômeno da mesa nem no sonho.

Naquela noite da representação de "O barbeiro de Sevilha", porém, vendo Nina dançar no tablado do Albergue Boa Estrela reconheceu nela a visão do seu sonho. Lembrou-se, então, do aviso da manifestação espiritual da mesa... e era em tudo isso que pensava, indo e vindo, inquieto, pelo seu quarto de dormir, ao regressar do teatro.

---

[55] N.E.: Capital da Andaluzia, Espanha.

Sublimação

Que fazer? Sim, o coração, a própria razão segredavam-lhe que a pobre Nina fora profundamente ligada a ele em uma idade longínqua, ou talvez mesmo recente. A atração por ela sentida desde que a vira em sonho, e dançando sobre o tablado, na Rua dos Ciganos, confirmava as duas premonições. E, agora, uma compaixão imensa, uma ternura estranha, uma dor profunda em sua alma, por vê-la tão distanciada dele, impeliam-no a procurá-la, a protegê-la, a socorrê-la. Não ditava a Lei de Deus que era indispensável amar e servir o próximo? Não se esforçava ele, desde a adolescência, por servir o próximo? Quantas mães abandonadas pelos seus maridos ou amantes ele e seu amigo Carlos haviam socorrido e encaminhado? Por que, agora, não haveria de socorrer aquela desgraçada que, tudo indicava, espiritualmente era ligada a ele?

Mas... E a sociedade? Que diriam dele o mundo, os amigos, vendo-o interessar-se por uma dançarina de albergue, embora ele o fizesse fraternalmente, por amor ao bem? Como agiria Constância, ao saber que ele se fizera protetor de uma mulher desclassificada, ela, que não tolerava com bons olhos o seu movimento de assistência aos necessitados? Suportaria o fato, porventura? E a própria Nina, quereria ser socorrida? Ele nem a conhecia, não sabia qual o seu caráter! Durante a breve conversação que com ela sustentara durante a ceia, no albergue, julgou-a humilde, simples, realmente sofredora. Mas dar-lhe apenas a esmola para o seu passadio, mantê-la à sua custa, para que ela não sofresse fome nem frio, deixando-a continuar ao desamparo, perdida na ignomínia? Não! Isso não seria sequer decente ou honesto. Sentia que não deveria proceder assim. Seria preciso retirá-la do vício, reabilitá-la, educá-la, encaminhá-la para Deus, pois a desgraçada era destituída de tudo, até mesmo do consolo supremo de uma religião.

E pensava, interrogando-se:

— O suicídio em uma existência, então, acarreta reencarnação assim, tão cruelmente expiatória? Que lhe teria acontecido antes, a ela, na vida anterior, para que a pobre buscasse o suicídio? É, pois, crime tão grande o matar-se a si mesmo?

Sim, é. É a suprema afronta a Deus! Sim, o suicídio arrasta a uma existência assim, como a de Nina, se o suicida antes do seu gesto atroz malbaratou moralmente a própria vida, desonrou-se e desonrou o lar e a família. E o resultado ali estava com a própria Nina: nem família, nem lar, nem amigos, nem recursos, nem saúde, nem esperanças. Apenas uma beleza fatal, que a arrastava cada vez mais para a miséria moral, a humilhação e a desonra, em cuja faixa voluntariamente se envolveu em vida pregressa.

Nessas inquietas disposições, D. Ramiro viu amanhecer o dia sem haver conciliado o sono. Recostou-se, então, no leito, até que Manuel Garcia chegasse a fim de providenciar banho e nova indumentária para os serviços do hospital, pois ainda conservava o vestuário usado para o teatro.

Às oito horas da manhã, Manuel apresentou-se, cumprindo as obrigações de criado de quarto e servindo-lhe a primeira refeição. No meio do serviço, no entanto, o servo indagou, pois gozava de liberdade junto ao noivo de sua irmã colaça:

— Senhor, não encontrei vossa capa de cerimônia, porventura a esquecestes no teatro?

— Ah! A capa?! Deve estar na carruagem...

— Não, senhor, não está. Acabo de procurá-la na carruagem. Não a encontrei lá...

Ramiro riu-se bem-humorado, o que intrigou Manuel, e replicou:

— Pergunta a Felício se não a viu...

— Perguntei, senhor, ele não sabe de vossa capa...

— Bem... Então, perdi-a mesmo. Não nos preocupemos mais com ela.

Levantou-se da mesa, em que acabara de fazer a refeição, deixou o palácio e dirigiu-se ao hospital.

Durante o trajeto, disse a Felício:

— Agradeço-te a discrição a respeito de minha capa. Por enquanto é melhor assim. Sei que não ignoras que não se trata de uma amante...

— Eu sei, meu senhor. Vós sois a bondade em pessoa... Mas Manuel Garcia tentou pôr-me em confissão. Quis forçar-me a dizer onde estivestes depois do teatro...

— Que ousadia! E o que respondeste?

— Disse-lhe que depois do teatro estivemos no Solar dos Vilares... e não menti! Manuel parece um espião, não vos perde de vista...

— Eu sei, mas não importa.

Chegando ao hospital, desceu da carruagem e, voltando-se para o criado, acrescentou:

— Agora vai ao bairro cigano, onde estivemos ontem, procura a bailarina e entrega-lhe este bilhete. Ela virá contigo até aqui, pois vou interná-la, encontra-se doente.

Traçou algumas frases numa folha de caderneta, que retirou do bolso, e entregou-a ao cocheiro. Este partiu disposto a cumprir fielmente o mandato de que era incumbido. Felício era servo fiel, respeitava o amo e não seria capaz de uma traição ao próprio dever.

D. Ramiro entrou no hospital e logo encontrou seu amigo Carlos, que o esperava já preparado para a visitação às enfermarias.

Quando realizavam o humanitário serviço, Ramiro relatou a seu amigo os acontecimentos da véspera, com aquela leal franqueza que o caracterizava. Acrescentou que mandara buscar Nina a fim de interná-la no hospital para tratar da sua saúde, pois a infeliz trazia sintomas de grave afecção pulmonar; que a protegeria a despeito de quaisquer dificuldades, pois repugnava ao seu coração a indiferença de abandoná-la na miséria em que a via, valendo-se do opróbrio da prostituição para subsistir; e que estava convencido de que a infeliz em questão era a mesma que vira em sonhos e à qual reconhecera como sua irmã, a mesma que certa entidade espiritual, em Paris, anunciara que ele encontraria, ao conceder-lhe uma comunicação premonitória por meio do fenômeno da mesa. E terminou com a seguinte súplica ao amigo:

— Ajuda-me, Carlos, a protegê-la e salvá-la, tu que és livre! Eu terei de lutar contra muitas dificuldades. Sei que Constância se oporá terminantemente a que eu a socorra, suspeitando injustamente de mim. Espiritualmente, amo Nina e preciso salvá-la. Desde ontem sofro, pois sinto, tenho certeza de que ela está ligada a mim pelos séculos passados... e também o estará pelos séculos futuros...

Falava comovido e impressionado, e Carlos notou-o. Muito ponderado, o visconde de C... respondeu:

— Louvo os teus sentimentos de humanidade para com mais essa pobre criatura que encontraste, meu Ramiro, e podes contar comigo, como sempre. Havemos de socorrê-la, como temos socorrido outras. Mas observo que estás comovido como jamais te reconheci. É preciso mais serenidade e reflexão. Não te guies somente pelo coração... Consulta igualmente a razão. Estarás apaixonado, porventura, por essa pobre bailarina?

— Estou tão apaixonado por ela como um irmão o estaria por sua irmã caída na desgraça. É a paixão da piedade, Carlos, a ternura da compaixão, que, sabes, é também poderosa. Repito: ela é ligada a mim pelos séculos...

— Convém não considerar muito ao pé da letra certas profecias ou noticiários do passado, ditos por Espíritos... Sabes que podem também ser frutos de mistificadores que nos queiram confundir ou afligir... Ademais, tens certeza de que a bailarina deseja, com efeito, ser socorrida? Pois há quem se compraza no vício... e com esses tais nada poderemos fazer... O melhor é não te precipitares e aguardares os acontecimentos. Não a retires já do seu domicílio, deixa-a lá, por enquanto, embora a ajudes para que sua miséria seja suavizada. Também não a mantenhas às tuas expensas. Não seria prudente. Isso é da alçada da Associação de que és presidente... Observa, primeiro, antes de retirá-la de seu domicílio, se, com efeito, é realidade quanto ela te andou dizendo... Poderias ser ludibriado, meu amigo, pois és generoso, conhecido como protetor de necessitados, mas o mundo ainda não é bom... Tratemos da saúde dela, em primeiro lugar, já que está doente, depois veremos o que há a fazer em seu proveito. Estou certo de que a inspiração do Além nos indicará o melhor a respeito do presente caso...

D. Ramiro pareceu acalmar-se com as judiciosas ponderações do amigo e nada mais disse até o fim da visitação aos doentes.

Entrementes, Felício chegara ao bairro cigano e entrara no pardieiro onde Nina residia. Todos dormiam ainda, pois eram boêmios, noctívagos. Uma ou outra mulher mais velha levantara-se mais cedo e varria o chão, cuidando do asseio dos pátios.

Felício bateu à porta do quarto da bela dançarina, de quem era grande admirador. Esta atendeu prontamente, pois esperava o portador para levá-la ao hospital, conforme a promessa do fidalgo. Não conseguira conciliar o sono naquele resto de noite. A imagem do seu benfeitor emocionava-a até o nervosismo e as lágrimas, sentia vergonha, desgosto, temor, angústia, ansiedade, e tremia. Despira as vestes berrantes que trajara na véspera e agora vestia-se de uma saia de pano escuro, muito franzida, que lhe ia aos pés, e uma blusa larga, de mangas compridas, como de uso entre as mulheres operárias. Lavara-se, retirando as pinturas do rosto, e penteara-se discretamente. Felício achou-a desfigurada, triste, nada mais trazendo em si que lembrasse aquela Nina galante que dançava, fazendo delirar a assistência. Quem a visse agora e não a conhecesse suporia nela a imagem do anjo sofredor, humilde e tímida. E, com efeito, fora da hora dos seus serviços, Nina era o anjo do sofrimento, que nunca sorria, jamais levantava os olhos, jamais falava a alguém, criatura realmente em trabalhos de expiação.

— Senhorita, meu amo, o senhor conde Ramiro de Montalban, mandou-me buscá-la, enviando este bilhete — falou Felício.

A pobre criatura tomou aquele tesouro que lhe davam — pois um bilhete do seu benfeitor era um tesouro para ela —, virou-o e revirou-o entre as mãos e depois devolveu-o, esclarecendo:

— Leia-o para mim, senhor, eu não sei ler...

Felício sabia ler, pois aprendera na escola mantida pela Associação Beneficente de que o amo era presidente. Leu o bilhete em voz alta e Nina, tomando-o depois, dobrou-o e guardou-o no bolso da saia. Em seguida, envolveu-se na capa de Ramiro e desceu as escadas, acompanhada do servo. No pátio, encontrou-se com as mulheres que varriam:

— Onde vais, Nina? Uma carruagem espera-te...

A jovem não respondeu, mas Felício respondeu por ela:

— Meu amo é médico, mandou buscá-la para o hospital, ela está doente...

— Disso sabemos nós, que ela está doente, e bem doente... Vai-te, Nina, fica por lá com o teu fidalgo de ontem, não tornes aqui, do contrário Michaelus matar-te-á de fome e de pancadas, quando já não deres o lucro que ele espera... Não voltes, minha filha, fica por lá...

Nina subiu para a carruagem e dentro em pouco encontrou-se diante daquele que, a partir desse momento, seria um deus para ela, o ponto de apoio de sua vida moral, para a redenção de que necessitava.

Sublimação

D. Ramiro apresentou-a a Carlos, que a fitou com agudeza e interesse. Nina baixou os olhos e o rubor tingiu-lhe as faces. Vieram enfermeiras. D. Ramiro mandou que a levassem e a preparassem para ser examinada.

D. Carlos de C... tornou-se pensativo e murmurou para o amigo:

— Tens razão. Ela impressiona. E está muito doente. Precisamos socorrê-la.

V

Então, erguendo-a, Jesus lhe disse: "Mulher, onde estão os teus acusadores? Ninguém te condenou?" Respondeu ela: "Ninguém, Senhor". Então Jesus disse: "Nem eu tampouco te condenarei; vai e não peques mais".[56]

O tratamento de Nina foi longo e meticuloso. Uma fraqueza generalizada invadira seu organismo cansado das lutas, dos sofrimentos e do trabalho excessivo, e das privações, desde a infância. A dança violenta, a que se dedicava, matava-a lentamente, sendo verdadeiro fenômeno de força de vontade, ou de necessidade, o fato de ela resistir dançar uma noite inteira. Seu médico, porém, não foi Ramiro, e sim Carlos, auxiliado por seus assistentes. Ramiro assistia-a, entretanto, confortando-a, aconselhando-a, sondando o seu caráter, a fim de reconhecer as possibilidades de educá-la, fazendo-a mudar de vida. Capacitou-se, então, de que não era muito fácil a realização do seu intento sobre essa alma traumatizada pelo sofrimento. Nina apresentava-se uma alma revoltada contra a humanidade, descrente de Deus e do coração das criaturas, entregara-se ao infortúnio sem esperanças no porvir, um coração, enfim, que no entender dele próprio só se recuperaria com o favor divino agindo em seu proveito. De outro modo, ele sabia que sua protegida trouxera, ao reencarnar, o compromisso de dívidas antigas para resgatar, o que indicava sofrimentos sem tréguas para a sua vida. Todavia, estava disposto a ajudá-la de qualquer forma, aliviando esses sofrimentos.

[56] João, 8:10 e 11.

E o coração dizia-lhe: "Ajude-a, mas não espere dela um restabelecimento completo, porque isso é impossível no curto período de uma existência. O suicídio é um abismo que atormenta sua vítima durante etapas seculares...".

Enquanto prosseguia o seu tratamento, o noivo de Constância meditava sobre o que seria de sua protegida, uma vez recobrada a saúde. Deixá-la voltar para o seu antro era alvitre que não admitia. Nina apenas sabia dançar e cantar. Como trabalhar honestamente, uma criatura que desde a infância vivia em meios boêmios? Ela confessara-lhe que não sabia ler, não sabia contar, nem mesmo conhecia bem o dinheiro, pois dificilmente lograva tê-lo nas mãos. Pensou mesmo em interná-la, às suas expensas, no convento onde vivia sua irmã, a fim de educá-la, levado pela aflição da grave situação e do impulso afetivo que ela lhe inspirava, como sua irmã do passado. Ele sentia-se com esse dever, pois considerava-se seu irmão, e um sentimento avassalador de compaixão torturava-o. Para isso, visitou o convento e propôs o que trazia em mente. Mas não foi aceita a sua petição. Nina não poderia viver entre freiras e meninas angelicais. E quando ele perguntou a ela própria se gostaria de se educar num colégio de freiras, a bailadeira pôs-se a chorar e respondeu:

— Senhor! Eu sou desgraçada demais para pensar em semelhante destino para mim. A vergonha e a humilhação me matariam em pouco tempo... Além de tudo, sou judia, não seria aceita num colégio de freiras...

Finalmente, a doente melhorara sensivelmente e deveria deixar o hospital, mas não estava definitivamente curada. Seria necessária uma convalescença prolongada nos bons ares do campo, boa alimentação, repouso, conforto moral.

Por esse tempo, a tuberculose[57] era um mal ainda desconhecido, por assim dizer. Tratavam-na como um grave resfriado, que gradativamente

---

[57] N.E.: O micróbio da tuberculose (bacilo de Koch) só foi descoberto em 1882. Seu descobridor foi o médico alemão Robert Koch (1843-1910), que chegou a fazer culturas do micróbio. Koch descobriu também os micróbios do carbúnculo e da cólera, que dizimavam rebanhos e populações inteiras, respectivamente.

vitimava o enfermo. Ora, o mal de Nina era tuberculose incipiente, isto é, a fraqueza pulmonar, de que poderá advir a tuberculose. Chamava-se, então, "tísica" a enfermidade, e o seu diagnóstico era imperfeito.

— Levá-la-ei para minha casa de campo. Não consentirei que a pobre criatura retorne ao antro cuja miséria e sordidez presenciei, para morrer em pouco tempo... — exclamou D. Ramiro para seu amigo Carlos, durante uma conversa em que deliberavam sobre o destino que dariam à enferma.

— Não farás tal coisa, meu amigo! É necessário verificar primeiro se ela se subordinará à transformação que desejas dar à sua vida. É preciso conhecê-la melhor...

— Mas tenho feito o mesmo com outras criaturas igualmente necessitadas...

— Mas o presente caso é especial. Observo que sentes veneração por ela e isso é perigoso. Poderias sucumbir...

— Afianço-te que não sucumbirei. Nina é mais do que uma irmã para mim, é uma filha que eu quero salvar. Sei que me vejo à frente de um testemunho decisivo perante a Lei suprema. Pois bem! Darei o testemunho a Deus: não sucumbirei! Nina é minha irmã e como tal a considero, é minha filha!

Finalmente, deliberaram que a enferma não mais retornaria ao bairro cigano, pois ela própria suplicara, em lágrimas, que a retirassem de lá, não aguentava mais a tortura ali experimentada. Iria para a residência campestre de Ramiro, mas residiria no domicílio de um casal de rendeiros do fidalgo, que administrava e zelava a propriedade. Ali, Nina recuperar-se-ia, e mais tarde, se necessário, deliberariam novamente a respeito.

Muito satisfeita por se libertar do opróbrio terrível que era a sua vida, Nina concordou, pois, sinceramente, ela desejava deter-se no caminho que palmilhava. A presença de D. Ramiro, o amor celeste que ele lhe inspirava, seus conselhos, suas admoestações surtiam efeito. Ela respeitava-o, seu grande amor por ele fortalecia-a nas boas resoluções a tomar, e foi com alegria que a infeliz jovem se deixou acolher naquele teto amigo, sob a proteção cristã que ensaiava a sua redenção perante si mesma.

Tudo correu bem nos primeiros meses. Michaelus desaparecera de Madri, voltando para Sevilha, no desempenho da sua tarefa inglória junto às bailarinas, e Nina nunca mais o viu. Tivera receio de que Ramiro o denunciasse à polícia, pelos infames tratos dados não só a Nina como também às demais jovens presas ao seu nefasto domínio. Constância tudo ignorava. Nunca mais ouvira falar de Nina e as preocupações que a assaltaram na noite da representação de "O barbeiro de Sevilha" deram lugar a uma perfeita tranquilidade, pois o noivo era o atencioso amigo de sempre, que não poupava esforços no sentido de homenageá-la e torná-la feliz. Manuel Garcia, por sua vez, convencido de que a capa do amo fora, realmente, perdida no teatro, não só não se lembrou de relatar o fato à irmã colaça como nunca mais se lembrou do acontecimento. E tudo decorria em paz...

D. Ramiro visitava Nina frequentemente, assim como Carlos e alguns outros colaboradores da Associação Beneficente, inclusive as damas de caridade, rejubilando-se todos por vê-la recuperar-se, amoldada à vida discreta que lhe conviria e aplicada ao estudo, pois ele, Ramiro, até mesmo ensinava-a a ler e dera-lhe mestra de prendas domésticas, na pessoa da esposa do administrador da sua herdade.

Um dia, porém, ela confessou-lhe que se sentia restabelecida e gostaria de ganhar a própria manutenção com o trabalho, e não viver indefinidamente às expensas de outrem. Sempre trabalhara e não temia a luta pela vida. Ademais, a vida tranquila do campo fazia-lhe bem, mas ela sentia-se penosamente entristecida por falta de qualquer distração, mesmo a distração do trabalho, pois, ali, no campo, vivia ociosamente, apenas preocupada com estudos e afazeres domésticos. A dança fazia-lhe falta. Era e sempre fora uma artista, embora infeliz. Pedia-lhe, pois, permissão para voltar a dançar, mas não entre ciganos, e sim no palco de um teatro honestamente constituído, cuja companhia era séria e costumava fazer estágios artísticos pelo interior do país e até mesmo em Portugal. Prometia ao seu benfeitor, porém, seguir seus conselhos e fazer da sua arte uma profissão honesta. Jamais ela o decepcionaria, voltando ao vício, ou daria qualquer desgosto, pois a verdade era que ela jamais se amoldara à irregularidade da vida que havia levado. A companhia em questão convidara-a várias vezes para o seu elenco. Mas Michaelus opunha-se, ameaçava matá-la se ela escapasse dele, ou pedia indenizações tão altas aos contratadores que estes jamais haviam podido aceitar as exigências do ambicioso cigano. No entanto, agora, que estava livre e restabelecida... Sim! Queria dançar novamente. Sua arte era a sua vida... e ela, em nome de Deus, fortalecida pela afeição dele, Ramiro, tão generoso, prometia ser fiel ao dever, não mais erraria!

Que poderia fazer o filantropo? Retê-la prisioneira seria impossível. Bem quisera ele levá-la para sua casa, adotá-la como filha ou irmã, dar-lhe vida digna e respeitável. O mundo, porém, era mau e não compreenderia a nobreza das suas intenções. Constância opor-se-ia e a vida de todos tornar-se-ia infernal. Embora desgostoso, concordou e deu-lhe liberdade, desligando-a da tutela da Associação, como física e moralmente recuperada. Acertaram, no entanto, em que ele velaria por ela e que estariam em permanente contato, pois nem um nem o outro queria perder-se de vista. Já que não podiam viver sob o mesmo teto, que ao menos se avistassem frequentemente. Sim, amavam-se com o santo amor das almas ligadas pelos séculos.

E Nina, então, voltou a dançar, cumprindo a promessa de fidelidade ao próprio dever.

VI

Se a vossa justiça não for maior e mais perfeita do que a dos escribas e a dos fariseus, não entrareis no reino dos Céus.

(Jesus)[58]

---
[58] MATEUS, 5:20.

O casamento de D. Ramiro e Constância realizava-se dentro de dois meses. Achava-se tudo preparado para a significativa cerimônia. Todavia, Constância era um caráter caprichoso, que opunha objeções a tudo quanto a família e também seu prometido decidissem. D. Ramiro contrariava-se frequentemente, mas, dotado de coração brando e amoroso, e possuidor de esmerada educação, jamais demonstrava agastamento e, evitando desarmonias, tolerava sempre as arbitrariedades da noiva, que tomava visível ascendência sobre ele. Concordara, pois, em demorar por mais dois meses a realização do casamento, quando seu desejo era realizá-lo no dia do seu aniversário, que era dali a um mês.

Continuava ele visitando Nina e dando-lhe aulas de leitura, verificando que ela cumpria a promessa que lhe fizera, pois se conservava discreta, esforçando-se por não ceder à boêmia, vivendo para a sua profissão que, agora, lhe proporcionava ganhar o próprio sustento, e para o propósito de melhorar e progredir sempre.

D. Carlos era de opinião que ela fizera bem em seguir a sua tendência artística, pois se tratava de uma infeliz que não podia ter esperanças de felicidade a não ser, mesmo, dentro da carreira profissional. Ramiro, então, dava-lhe assistência moral-fraterna, vigilante para que nova fase de miséria e degradação não a atingisse. Certamente que ele sofria, que seu desejo era adotá-la mais diretamente, mas, não sendo tal coisa aconselhável, conformava-se, pronto a socorrê-la quando necessário. Por sua vez, Nina respeitava-o, além de amá-lo fervorosamente, nas profundezas do coração. Não o revelava, porém, e D. Ramiro estava longe de suspeitar a veneração de que era alvo. Um eficiente trabalho de redenção operava-se na pobre criatura, que nunca fora má, e sim infeliz, a qual procurava corrigir-se dos antigos distúrbios e levar vida regular, a fim de não se ver abandonada por ele.

Entretanto, o moço fidalgo ocultava da noiva a própria assiduidade junto à bailarina, assim como de Manuel Garcia e sua mãe. Sabia que não seria compreendido, que Constância tentaria obrigá-lo a arredar

Sublimação

Nina dos seus caminhos, que suas explicações não seriam aceitas e, por isso, adiava o momento de pô-la a par da proteção humanitária que ele e Carlos concediam a mais essa infeliz, recuperada sob sua desinteressada tutela. Esperava, portanto, uma ocasião propícia para deixá-la a par de tudo. Apenas dissera-lhe, algumas vezes, que ele e Carlos realizavam um trabalho de renovação em uma pobre mulher ainda quase adolescente, a qual se submetia aos conselhos de ambos como se se tratasse de uma filha obediente.

Constância de Vilares era ciumenta e orgulhosa, nutria férreos preconceitos de classe, desprezava os infelizes, ou era indiferente à sorte deles, odiava as mulheres decaídas, sem jamais raciocinar sobre o grave problema que a sociedade alimenta, isto é, o desumano abandono votado à juventude que erra, às vezes, involuntária ou inadvertidamente, sem esforços para detê-la no declive do mal. Censurou o noivo e seu amigo por se dedicarem a tão difícil quanto reprovável assistência, pois entendia tal classe de mulheres não merecer caridade nem proteção de pessoas honestas; antes o que mereciam era o repúdio e a execração da sociedade.

Ramiro protestou:

— Esse humanitário trabalho acerca das pobres criaturas não é, propriamente, realizado apenas por nós, mas pela Associação Beneficente que dirigimos. Não devias pensar assim, minha querida, mas te associares a nós outros para emprestares o teu valor pessoal e as tuas virtudes como exemplos àqueles que necessitam de nosso amparo para se reabilitarem...

Ela, porém, não se convenceu.

Agastou-se, revoltou-se, chorou, blasfemou e terminou por exigir dele o afastamento desse serviço humanitário, serviço que, no seu parecer, era próprio apenas de padres e freiras, e não de leigos.

— Não, minha querida! O serviço da caridade ao sofredor e ao delinquente é próprio do cristão, de todos que sentem a inspiração do amor divino, ainda mesmo que não seja um crente em Deus...

Continuando ela a discussão, ele calou-se, despediu-se em seguida e não mais tocou no assunto.

Aproximando-se, porém, a data das suas bodas, ele pensou em que seria prudente que a futura esposa ficasse a par do seu particular interesse por Nina, à qual estimava nobremente e a quem não concordaria em abandonar à miserável vida da qual a arrebatara. Esperava, portanto, um ensejo para cientificar Constância do que vinha acontecendo e identificar a protegida, porquanto repugnava-lhe casar-se deixando a esposa ignorar uma particularidade que para ele era de capital importância.

— Sei que Constância teve ciúmes de Nina comigo, embora infundados. Preciso provar-lhe que Nina está recuperada, que ela sempre desejou recuperar-se, que é, para mim, como uma filha, uma irmã necessitada de amparo e consolo. Quem sabe se, uma vez casada, minha Constância me ajudará no socorro aos meus sofredores, a Nina inclusive, a mais necessitada criatura que descobri até agora?

Esse ensejo apresentou-se com o advento do aniversário natalício dele próprio, Ramiro, que se verificava antes das bodas.

VII

[...] Tende presente sempre que, repelindo um pobre, talvez repilais um Espírito que vos foi caro e que, no momento, se encontra em posição inferior à vossa. [...]

(Irmã Rosália)[59]

---

[59] KARDEC, Allan. *O evangelho segundo o espiritismo*, cap. XIII, it. 9.

Sublimação

Raramente D. Ramiro de Montalban promovia festejos em sua casa. Era modesto e simples, e não conservava os frívolos costumes sociais da época. Amava, porém, a boa música e frequentemente convidava amigos para concertos e recitais em sua casa. Ele próprio participava desses programas, visto que se rejubilava de ser músico profundo e exímio pianista. Não era raro, então, nessas ocasiões, que convidasse um e outro artista profissional para abrilhantar tais reuniões, os quais lá iam cantar ou declamar poemas ao som de violinos ou do piano, como tanto se usava então, e até mesmo atores de teatro concorriam com sua arte para esses espetáculos domésticos, usados desde séculos passados e conservados mesmo até os fins do século XIX. O moço fidalgo, portanto, sendo igualmente artista, além de médico, filósofo e filantropo, resolveu promover um programa artístico para ilustrar o dia em que completaria os 27 anos. Nesse dia, ele pretendera casar-se. Entretanto, Constância entendera demasiadamente plebeu casar-se alguém no dia do próprio aniversário, e não concordara, como sempre, com o desejo do noivo. Casar-se-iam, portanto, um mês depois.

No dia do seu aniversário, o digno titular promovera um almoço de regozijo, um banquete, e fizera convite aos amigos para que dele participassem. O convite fora estendido a D. Carlos de C... e aos médicos assistentes do hospital em que todos assistiam com os serviços da própria profissão.

À hora aprazada, sentaram-se à mesa e iniciou-se o banquete. Este era levado a efeito na sua residência rural, nos arredores de Madri, mansão acolhedora em legítimo estilo colonial, onde ele se aprazia de passar os domingos, a fim de se refazer das lides semanais.

Não decorrera, porém, sequer um quarto de hora que se haviam reunido à mesa e D. Ramiro exclamou risonho, para os seus convidados:

— Meus caros amigos! Sei que todos vós aqui presentes sois apreciadores da boa música e das danças do nosso folclore. Tenho a honra, pois, de oferecer-vos um espetáculo de bailados espanhóis, orientais e ciganos, acompanhados de orquestras típicas que eu mesmo ensaiei para o dia de hoje. Quando estivermos à mesa, assistireis aqui mesmo, neste salão, aos números de arte que vos dou, e estou certo de que não vos arrependereis. Dentre os bailarinos que vos apresentarei destaca-se uma jovem cigana, cuja perfeição em seus números de dança é realmente surpreendente. Ela vem fazendo sucesso nos palcos de Madri e dentre vós alguém, certamente, a conhece. É Nina Vidigal, uma protegida de nossa Associação Beneficente de Recuperação da Juventude, pessoa leal e de boa vontade, que ressurge para a vida amparada pelos princípios cristãos. Rogo para ela a vossa benevolência, como estímulo ao seu prosseguimento na trilha redentora que vem palmilhando...

Falou e calou-se comovido. Os presentes felicitavam-no pelo bom gosto demonstrado em homenageá-los e pela ação em prol do próximo necessitado, pois sobejamente conheciam as suas atividades no setor filantrópico, enquanto Carlos quedava-se preocupado.

Sentada a seu lado, Constância empalidecera e sua fronte anuviara-se, ouvindo não apenas o anúncio do espetáculo, mas, particularmente, o nome *Nina Vidigal*.

Lembrou-se, então, da noite de estreia de "O barbeiro de Sevilha", na ópera, do Albergue Boa Estrela, do tablado armado à sua frente e a jovem cigana dançando sob o sereno da noite... Lembrou-se de que pedira ao noivo que não fosse ao Albergue, ao voltarem da ópera. Todavia, agora compreendia que ele voltara, sim, e que Nina se intrometera em sua vida. Mil pensamentos e suposições angustiantes levantaram-se em seu coração e ela sentiu que a dor atroz do ciúme, a revolta do amor-próprio atingido gelavam-lhe o sangue nas veias. Porém, nada disse. Esperou os acontecimentos.

A um sinal do aniversariante, o mestre de cerimônias do espetáculo descerrou uma cortina, que encobria certa porta do fundo do salão, e o elenco de bailarinos apareceu, maravilhando os presentes pela beleza dos pares e bom gosto das fantasias custosas.

Sublimação

Tímida e deslumbrada com a suntuosidade do ambiente nobre, que jamais vira, Nina mostrou-se mais bela e fascinante do que nunca, no esplendor das suas 20 primaveras, que lhe davam ares de adolescente virginal.

Aplausos soaram, pois, realmente, aquele elenco era conhecido em toda Madri e Nina admirada como a sua primeira bailarina.

A orquestra, acomodada no recanto escolhido, iniciou seus acordes e o bailado começou, depois das apresentações e dos cumprimentos aos nobres presentes.

O salão onde se realizava o banquete não era o salão de jantar nobre da mansão. Era apenas uma ampla dependência do primeiro andar, cuja escadaria dupla comunicava com o vestíbulo de acesso ao exterior. Era, por assim dizer, o vestíbulo do primeiro andar.

Ali mesmo dançavam os bailarinos, enquanto os fidalgos se serviam das finas iguarias, detendo-se a cada instante a fim de prestarem maior atenção a este ou àquele número e aplaudirem os artistas. Como sempre, Nina, muito apreciada, dançava sorridente, pois se sentia admirada pelo seu protetor e se exibia com perfeição, porquanto ele ali estava, era para ele que ela dançava, era o seu aniversário natalício que ela festejava com o coração, naqueles bailados aplaudidos por ele com a generosidade que era o seu característico. A própria Constância não se pudera furtar à admiração pelo espetáculo, ao qual jamais assistira, e vez por outra aplaudia, sem, no entanto, aplaudir Nina. D. Ramiro estava radiante, esperançoso de que o seu alvitre para aproximar Nina de Constância fosse bem-sucedido, pois seu maior desejo era que a futura esposa compreendesse melhor a situação da pobre Nina em sua vida.

Finalmente, os artistas cumpriram todo o programa e as danças cessaram. Os convivas, à mesa do banquete, ingeriam, agora, a sobremesa e licores finos, enquanto os charutos eram encaminhados pelos criados como remate a tão significativa cerimônia.

Adiantando-se, o mestre de cerimônias exclamou, dirigindo-se aos dançarinos:

— O senhor D. Ramiro convida-vos, agora, a um almoço na sala contígua a esta peça. Tenham a bondade de me acompanhar.

Sob os aplausos entusiastas dos comensais do moço filantropo, os artistas cumprimentaram os fidalgos, fazendo respeitosas mesuras, e se afastaram, seguindo o mestre de cerimônias. Subitamente, porém, a voz de Ramiro dominou o momento. Ele levantou-se do seu lugar à mesa, encaminhou-se para o grupo, deteve Nina pelo braço e disse simples e naturalmente:

— Vem, minha filha, quero apresentar-te à minha futura esposa, condessa Constância de Vilares, com a qual me casarei daqui a um mês.

Os convidados levantaram-se gentilmente; Constância não teve outro alvitre senão imitá-los, visivelmente contrafeita, de lábios cerrados, demonstrando contrariedade, e muito pálida e nervosa.

Nina aproximou-se a medo, guiada pelo anfitrião, que a segurava pelo braço. Fez uma vênia graciosa, curvando-se sem nada dizer, ao passo que Ramiro esperava que a noiva lhe desse a mão a beijar, mas Constância não o fez. Manteve-se ereta, não correspondeu ao cumprimento, voltou as costas e sentou-se. Os convivas, porém, continuavam de pé, uma vez que o dono da casa não se sentara ainda, enquanto Nina afastava-se ruborizada pela desfeita recebida, a fim de reunir-se aos demais dançarinos e almoçar no salão contíguo.

O que se seguiu, então, certamente não teria acontecido se Constância se portasse mais razoavelmente, se tratasse a hóspede com menos desprezo e não decepcionasse o noivo em presença dos seus convidados. O certo foi que D. Ramiro ressentiu-se do gesto da futura esposa. Uma emoção profunda fê-lo apiedar-se de Nina, que se encaminhava humilhada, para junto dos amigos. Como nunca, falou nos refolhos de sua alma a reminiscência do passado espiritual. Sentiu que Nina era, realmente, sua irmã, ligada a ele por indestrutíveis laços espirituais, e que não poderia ser tratada assim em sua casa. Afigurou-se-lhe um crime, uma ofensa aos seus sentimentos de humanidade alijar Nina, assim, da mesa que ele presidia no dia do seu próprio aniversário, quando era seu hábito permitir que até mendigos se sentassem a seu lado, à mesa. Uma compaixão intensa por ela falou mais alto, em seu coração, do que todas as conveniências; uma revolta insopitável escureceu-lhe a sensatez. Então, alcançando-a, num salto, já na extremidade do salão, tomou-lhe do braço e disse com decisão:

— Não, minha filha! Almoçarás comigo, em minha mesa...

Solícito, um criado chegou uma cadeira ao lado dele, à sua indicação, e Nina sentou-se acanhada e sem saber como se conduzir naquela mesa de cerimônia, rodeada de graciosas damas e brilhantes fidalgos.

Os convivas começaram a aplaudir a atitude do amigo, muito própria dele mesmo, pois era do conhecimento de todos que D. Ramiro não se diminuía em levar para a sua mesa convidados de humildes condições sociais, assim atendendo ao pé da letra as sugestões do próprio Evangelho: "Quando derdes um festim, convidai para ele os pobres, os estropiados, os coxos e os cegos. E sereis ditosos, por não terem eles meios de vo-lo retribuir, pois isso vos será retribuído na ressurreição dos justos."[60]

Nenhum deles reprovou aquele gesto, talvez um tanto impróprio para uma mesa de banquete, mas essencialmente fraterno e cristão.

Entretanto, mal Nina se assentou, muito timidamente, ao lado do seu protetor, Constância levantou-se com um gesto desabrido, batendo na mesa com a mão e exclamando indignada, ao mesmo tempo que arredava a cadeira:

---

[60] N.E.: Lucas, 14:12 a 14.

— Retiro-me, senhor conde! Não devo sentar-me a uma mesa em que uma mulher dessa espécie toma lugar. O que fazeis é uma afronta aos vossos hóspedes!

Ele tentou contornar a situação, pálido e surpreso:

— Por quem és, querida Constância, queira compreender, ajuda-me!

Ouvindo o protesto da noiva do seu protetor e o insulto a si própria dirigido, a pobre dançarina levantou-se alarmada, um soluço escapou-lhe do peito e ela afastou-se, correndo, da mesa, desceu as escadas em correria, com visível intenção de fugir dali. Desorientado, Ramiro correu no seu encalço e, ao chegar ao topo da escada, bradou para os serviçais que guardavam o vestíbulo:

— Segurem-na, não a deixem sair!

Supondo tratar-se de algum roubo que a cigana fizera no palácio, os criados detiveram-na com rudeza, torcendo-lhe os braços para trás, o que a fez soltar um grito de dor. Nina chorava, mas Ramiro chegou, enlaçou-a pelos ombros, confortou-a:

— Vais almoçar comigo, minha filha, não temas!

Fê-la subir as escadas e sentou-a a seu lado, dando ordem para que a servissem, e ele próprio serviu-se novamente, a fim de acompanhá-la. Constância, que aguardava de pé os acontecimentos, cumprimentou os convidados e retirou-se do salão, sem que o noivo procurasse detê-la.

Deliciados com o ineditismo do programa, os convidados levantaram um brinde à bailarina que tanto os divertira, tendo as damas presentes acompanhado o brinde gentilmente.

Nina só se retirou da mesa quando seu benfeitor e educador autorizou-a a fazê-lo. Felício levou-a à sua casa na carruagem do amo.

VIII

Constância não voltara à sala do banquete e tampouco Ramiro fora procurá-la. Temia maiores desinteligências, pois sabia que a noiva era arrebatada e voluntariosa. No entanto, uma vez tendo-se retirado os convidados, o moço filantropo dirigiu-se ao interior da casa e procurou-a por todas as salas e gabinetes. Não a encontrando, dirigiu-se a Rosária Maria e indagou:

— A senhorita Vilares... Onde se encontra ela?

Demonstrando constrangimento, a governanta declarou:

— Pois retirou-se para sua casa há muito tempo, senhor...

— Quem a acompanhou?

— Ela veio acompanhada pela sua preceptora, senhor, e regressou com ela...

D. Ramiro nada mais disse. Dirigiu-se aos seus aposentos, despiu os trajes de cerimônia, envergou os usuais e partiu para o Palácio Vilares. Ia entender-se com a noiva, arrazoar com ela e convencê-la de que ela se enganava quanto a ele e Nina, que o que ele realizava acerca da infeliz jovem era uma obra cristã, a redenção de uma criatura abandonada e sofredora desde o berço.

Constância, porém, negou-se a recebê-lo. Despediu-o por intermédio da sua governanta, dizendo que se encontrava indisposta e não podia receber visitas àquela tarde. D. Ramiro insistiu. Constância manteve a atitude insólita e o conde teve de se retirar, lamentando a incompreensão surgida entre ambos. Na manhã seguinte, enviou-lhe um braçado de rosas por intermédio de Manuel Garcia e uma carta afetuosa, pedindo notícias do estado de sua saúde e prometendo visitá-la à tarde. Manuel demorou-se em casa de Constância durante duas horas. A jovem fê-lo encaminhar-se para a sua sala particular e o pôs em confissão sobre o que se havia passado na mansão rural depois que ela se retirara. Destituído de escrúpulos, Manuel narrou-lhe, então, que Nina só se retirara às quatro horas da tarde, com os demais convidados, e fora envolvida na capa do conde, que havia desaparecido há algum tempo. Que Nina permanecera na mesa, em conversa animada, e fora muito obsequiada pelos circunstantes. Que uma das damas presentes oferecera-lhe uma pulseira de ouro, a qual retirara do próprio braço, como prêmio pelas suas danças, que a haviam deslumbrado. Que outra dama oferecera a própria mantilha de rendas de seda. Que outra retirara dos cabelos o pente ornamental, cravejado de pedras, e a presenteara também, como recordação daquela tarde feliz, e que Ramiro, radiante pelo trato que via dispensarem à sua protegida, retirou do bolso da calça um pequenino estojo, abriu-o e colocou no dedo dela um pequeno anel, dizendo que se tratava de uma modesta lembrança pelo brilho que ela soubera dar ao banquete do seu aniversário, com a sua arte. Que Nina chorara de emoção e agradecera a todos, e depois desejara homenagear as pessoas, que tão carinhosamente a tratavam, com números especiais de bailado, única coisa que possuía para retribuir as gentilezas recebidas. Havia ainda alguns músicos por ali. Ela chamara-os para tocar e dançara bailados orientais de grande beleza, mas que D. Ramiro a impedira de continuar dançando, a fim de não se cansar; que lhe ministrara uma droga reconfortante, com a recomendação de que repousasse até a hora do espetáculo no teatro, pois ela deveria exibir-se ainda no palco, aquela noite. E mandou-a para casa na própria carruagem, conduzida por Felício. Nada omitira o servo intrigante e infiel, envenenando os acontecimentos a cada frase proferida e lamentando as atenções do amo para com tão baixas criaturas. Dir-se-ia que Manuel Garcia sentia ciúmes de sua irmã colaça e tencionava afastá-la de seu noivo, narrando, intencionalmente, o que se passara na mansão rural depois da retirada da própria Constância. E assim era, com efeito. Manuel Garcia amava Constância e sofria com a impossibilidade de revelar os próprios sentimentos.

Sublimação

O resultado do colóquio da condessa e o servo foi que Constância não aceitou o braçado de rosas que o noivo gentilmente enviara. Devolveu-lho e mais a carta que ele escrevera indagando de sua saúde, e escreveu outra, devolvendo-lhe a palavra empenhada com ela e ainda o anel de noivado que ele lhe confiara como símbolo do compromisso existente entre ambos.

O moço filantropo recebeu tudo, surpreendido e chocado com a violenta atitude da noiva. Muito decepcionado, rasgou a carta que escrevera e fora devolvida, arquivou a que recebera em um cofre especial, assim como os dois anéis de noivado, e mandou que Rosária Maria colocasse as rosas em uma jarra e as levasse para o seu quarto de dormir.

Os dias passaram sem que a situação se alterasse. Constância permaneceu irredutível na sua decisão. Não confiava em seu noivo. Para ela, Ramiro mantinha amores com Nina e, invadida por um violento sentimento de ciúmes, passou a odiá-lo. Em vão ele tentara aproximar-se dela, explicar-se, provar-lhe que estava enganada. Então, D. Carlos de C... interferiu, empenhando a própria palavra de honra em como o amigo era inocente das acusações que sofria. Que Nina era uma pobre criatura sofredora, que não cogitava de amores, e sim de poder viver sem fome e sem frio, a qual ele e Ramiro socorriam inspirados na caridade, como o faziam a muitas outras, desejosos de recuperá-la para Deus e a sociedade, o que estavam conseguindo facilmente, porquanto a pobre jovem não era má nem viciada, mas uma infeliz digna do apoio que recebia. Constância terminou por aceitar a reconciliação, mas, para isso, exigiu um preço tão alto e desumano que os dois filantropos não puderam aceitar: que Ramiro e o amigo obtivessem das autoridades policiais a expulsão de Nina de Madri.

Desanimado, D. Ramiro silenciou e conformou-se com o abandono da noiva. Continuou no seu hospital, velando pelos doentes e com ampla liberdade para proteger aqueles infelizes a quem amava como a irmãos verdadeiros, e pelos quais era igualmente amado.

Certo dia, porém, quando tudo parecia normalizado acerca da sua querida Nina, chegou ao hospital, pela manhã, um jovem dançarino, procurando por D. Ramiro de Montalban. Posto em sua presença, logo que possível, o jovem explicou-se:

— Senhor conde, venho a pedido da senhorita Vidigal. Ela adoeceu subitamente ontem, depois do espetáculo. Sentiu-se mal, apareceu febre e pela madrugada adveio uma hemoptise,[61] que a prostrou inanimada até agora. Fizemos o que foi possível, mas ela não melhorou.

D. Ramiro não terminou de ouvir. Dirigiu-se, às pressas, para a residência de sua protegida e trouxe-a incontinente para o hospital.

O estado de saúde da bela judia era gravíssimo, e não apenas D. Ramiro, mas também D. Carlos e os demais médicos do hospital desdobraram-se em cuidados em torno dela. Sua enfermidade era incurável e disso mesmo todos se capacitaram. Nina encontrava-se "tísica", como então se nomeava a tuberculose. Constataram que ela estava extenuada de forças, que sua profissão de bailarina dela exaurira as derradeiras energias que lhe restavam.

Pesaroso, Ramiro dedicou-se ao seu tratamento como um pai o faria a sua filha. Não deixava a sua cabeceira, mudara-se mesmo para o hospital enquanto a vira em perigo de morte. Todo o tratamento possível à Medicina da época Nina recebeu de seus benfeitores, e tanta foi a dedicação dos médicos e dos enfermeiros que a socorriam que ela pôde, depois de algum tempo, não se recuperar, mas deter, temporariamente, a marcha do terrível mal que a prostrava. Ela reergueu-se, finalmente, do leito e Ramiro, aliviando-se das apreensões que o angustiavam, disse-lhe com toda a franqueza, assistido e apoiado por seu amigo Carlos e os demais médicos do hospital:

---

[61] N.E.: Expectoração de sangue proveniente dos pulmões, traqueia e brônquios, mais comumente observável na tuberculose pulmonar.

Sublimação

— Nina, minha filha! Estiveste à beira do túmulo! A custo, e graças ao auxílio divino, foi-nos possível remediar tua situação. Mas é bom que saibas que nunca mais poderás dançar ou trabalhar. Necessitas de repouso e tratamento ininterrupto...

— Mas isso é impossível, senhor conde, não possuo recursos para tanto...

— Decidi adotar-te perante Deus, e de agora em diante viverás às minhas expensas. Irás para minha casa e serás como a minha irmã, a minha filha perante Deus... Não poderás viver só e seria desumanidade deixar-te entregue a ti mesma, visto que nossa Associação não está ainda em condições de abrigar um doente como tu. Precisas de um lar e eu te darei o meu. Ali receberás tudo e eu ficarei tranquilo.

Nina quis protestar, pois no íntimo do coração temia a aproximação de D. Ramiro, temia a sua casa, temia Constância, temia os criados. Seriam, porventura, pressentimentos de sua alma torturada, do que o futuro apresentar-lhe-ia?...

Mas ele replicou-lhe:

— Nada temas. Minha noiva rompeu comigo. Não haverá mais casamento. Nada desagradável acontecerá, estou certo. Possuo uma governanta que é verdadeira mãe para mim. Sê-lo-á também para ti. Dar-te-ei, aliás, uma preceptora, a qual velará por ti e será também enfermeira e dama de companhia. Assim, a minha boa Rosária não ficará sobrecarregada.

A intenção do filantropo era das mais sinceras e louváveis, mas Nina tomara uma existência para resgates dolorosos, como expiação de erros praticados anteriormente, e nada há que afaste do penitente uma expiação, dado que ela se destina a operar a redenção consciencial do mesmo.

Nina foi, portanto, habitar o Palácio de Montalban, porque, ademais, não tinha mesmo para onde ir. Reeducava-se, reconfortava-se, recebia o bem de uma religião: a religião do dever, do amor, do perdão, e tinha em D. Ramiro o defensor dedicado que por ela velava, exigindo de todos que a cercavam respeito e atenções para com sua pessoa. A bailarina, por sua vez, conservava-se tímida e humilde, desconfiada de tudo, jamais abusando dos direitos que lhe dava seu protetor, jamais exigindo coisa alguma, nada pedia ou desejava, e se agora possuía belos e elegantes vestuários era porque sua preceptora providenciava-os, pois o humanitário conde recomendava-lhe que a tratasse como se fosse sua irmã legítima, usando o seu próprio nome.

Não obstante, Rosária Maria e Manuel Garcia não aceitavam com facilidade a presença da bailarina naquele solar, onde viviam como os proprietários de tudo, e no qual deveria habitar a sua querida Constância, e não uma mulher de classe inferior. Eram hostis à nova hóspede como jamais haviam sido para outro qualquer que D. Ramiro levava para casa. Odiavam-na, punham Constância a par do que se passava, como sempre, e não lhe perdoavam o haver ela roubado a Constância o coração do homem amado, pois, para ambos, como para Constância, Nina era a amante de D. Ramiro, e a revolta refervia em seus corações o desejo de uma desforra contra a indefesa dançarina. Por sua vez, Constância permanecia humilhada, dominada pelo despeito de se ver preterida por uma criatura tão inferior, pois, no seu entender, seu noivo trocara-a por Nina.

Ciosa de uma vingança contra a mulher que lhe roubara o noivo, Constância, inteirada de tudo, confabulava com Rosária e Manuel e fornecia-lhes sugestões contra a enferma, sugestões que, religiosamente, eram postas em prática por mãe e filho. Uma corrente maléfica de intrigas e desejos maus estabeleceu-se, então, naquele ambiente que vinha sendo infelicitado, realmente, pela presença de dois falsos amigos, incapazes de reconhecer o alto padrão de beneficência que D. Ramiro de Montalban esforçava-se por manter em favor do próximo.

O moço filantropo, incapaz de mal ajuizar de alguém, e ainda menos daqueles em quem depositava inteira confiança, nada percebia, de nada suspeitava, e até mesmo parecia que havia totalmente esquecido a antiga

Sublimação

noiva. Seus múltiplos afazeres mantinham-no constantemente fora de casa. Frequentemente, fazia as refeições no clube ou no hospital, pois sua residência era afastada do centro da cidade. Ora, Rosária Maria aproveitava-se dessa circunstância para retardar a alimentação de Nina, que devia ser servida em horários prescritos pelos médicos, de forma a não se ressentir de fraqueza alimentar, o que alterava o horário dos medicamentos a serem ingeridos, pois alguns deles dependiam também dos horários das refeições.

Em vão a preceptora insistia para que tal não acontecesse, pois a doente era prejudicada e ela, preceptora e enfermeira, tinha dupla responsabilidade. Em vão ameaçava levar ao conhecimento do conde a irregularidade, que parecia premeditada em prejuízo da pobre Nina, em quem a governanta e os demais criados, por esta influenciados, teimavam em ver a bailarina de albergues, e não a "senhorita" recomendada pelo amo. As contrariedades sucediam-se, Nina afligia-se e chorava, compreendendo-se causa das desinteligências domésticas; a situação tornara-se difícil para a preceptora, que sentia a responsabilidade pesar-lhe nos ombros, pois, sucumbida pelos acontecimentos, Nina não melhorava nem se animava a consentir que sua preceptora pusesse o conde a par do que se passava entre aquelas vetustas paredes. Mas um dia, vendo que Rosária parecia mesmo interessada em prejudicar a doente, a preceptora travou violenta discussão com ela e Manuel, o que resultou no seu afastamento de junto de Nina. D. Ramiro, ouvindo as razões dos três subalternos, exclamou pacificamente:

— Rosária Maria é uma serva insubstituível. É quem dirige minha casa com eficiência e deponho absoluta confiança nela, pois minha casa não é fácil de governar, apesar de eu ser um homem solteiro. Não posso, portanto, despedi-la. Proponho que os três se reconciliem, pois preciso de todos, e procurem entender-se melhor e me entenderem, para o bem de todos nós...

A preceptora não concordou. Declarou que sob a direção de tal governanta não seria a ela possível cumprir o próprio dever, porque Rosária cerceava-a deliberadamente, prejudicando o tratamento da doente, e terminou lançando esta acusação a D. Ramiro, estupefato:

— Vossa Excelência, senhor conde, ainda se convencerá de que essa mulher e seu digno filho são inimigos terríveis de vossa pupila e tudo farão por desgraçá-la, e sereis o culpado do que acontecer!

Despediu-se do cargo e Nina ficou só com Rosária. Diante disso, Nina suplicou a D. Ramiro que a deixasse voltar para a companhia de seus companheiros de teatro, com os quais vivera tão bem, numa velha mansão. Residiria com eles, teria cautela, não se exporia. Já que sua presença provocava desarmonias no palácio, seria prudente que ela se afastasse.

O Conde, porém, opôs-se:

— Não poderás sair daqui, minha filha, necessitas de tratamento especial, conforto, preciso acompanhar o teu estado geral... E não penses assim, que esse nervosismo não te faz bem... Estás em tua casa, porque em minha casa. Rosária é uma boa serva, uma boa amiga. O que aconteceu foi porque ela sentiu-se enciumada por eu te ter confiado a uma estranha, pois não admite que outra serva intervenha na direção da casa. Confio-te agora a ela, e verás como tudo se normalizará...

Que poderia fazer uma criatura doente como Nina, sem recursos, sem família, sem esperanças? Submeteu-se e confiou em D. Ramiro, a quem amava como se ama a um ser divino.

IX

Aconteceu, no entanto, que D. Ramiro teve necessidade de se ausentar de Madri. Um congresso de rosacrucianistas exigia sua presença em Paris e ele não podia deixar de comparecer a esse certame importante.

Nina sobressaltou-se ao receber a notícia, prevendo maiores desditas em sua já tão amargurada existência, e suplicou a seu benfeitor:

— Levai-me convosco, senhor D. Ramiro, tenho medo de permanecer aqui em vossa ausência... Serei a humilde irmã de sempre...

Nina era simples, nem sempre pesava o que dizia e não mediu a inconveniência do que pedia. D. Ramiro sorriu, acariciou-lhe as faces pálidas e respondeu:

— Isso não é possível, minha filha. Não aguentarias a viagem, necessitas de repouso...

— Rogo-vos, então, senhor, deixar-me no vosso hospital; auxiliarei as enfermeiras, farei alguma coisa...

— Não, pobre anjo! Não podes ficar no hospital. Ficarás aqui, em tua casa, pois minha casa é tua também...

— Que vai ser de mim sem vossa presença, senhor?...

— Não te aflijas, Rosária tratará de ti e velará por tudo. Não vês como tudo melhorou com a retirada da preceptora? Darei ordens a Felício para levar-te a passear em minha carruagem, como fazemos diariamente, a fim de respirares ar puro... Irás onde preferires. Rosária poderá ir contigo, se quiser...

Nina era humilde, respeitava profundamente o seu benfeitor. Não teve como reagir. Submeteu-se.

No dia da partida de Ramiro, chorou copiosamente e murmurou, sufocada pelas lágrimas:

— Sei que não vos verei mais, senhor conde...

— Nada receies, minha filha. Está tudo recomendado a Rosária para o teu bem. Se precisares de médico, irás ao hospital. Carlos irá comigo à

França, mas os nossos ajudantes te atenderão, estão avisados e te conhecem bastante.

Não havia remédio. A provação de Nina impunha-se à sua vida, como se impõe a provação de todos os que encarnam para os trabalhos dos testemunhos expiatórios.

D. Ramiro partiu e ela viu-se só e isolada naquele imenso palácio secular, porque Rosária Maria jamais lhe fazia companhia, não cumpria as ordens recebidas do conde, para cuidar da doente, nem consentia que as servas menores a servissem. Esquecia-se de chamá-la para o almoço, de servir-lhe a alimentação prescrita pelos médicos, e dias havia em que Nina só à tarde lograva almoçar. Passou então, ela mesma, a fazer os próprios serviços, porque a governanta dizia, em sua presença, para as demais serviçais:

— Não a sirvam. Está doente porque é uma desregrada, que não merece ser atendida por nós, que somos sérias e honestas. Roubou de nossa querida Constância o coração de seu noivo... e além de tudo está doente, sofre de uma peste, castigo de Deus, a qual contaminará vocês, se a servirem...

Nina definhava e sofria, sem meios de se libertar daquele novo suplício. Ressentia-se da falta de alimentação regular, da falta de repouso, das amarguras que se acumulavam. Tinha, pois, de cozinhar para si mesma, recebendo cotas de gêneros das mãos da governanta, em cozinhas já abandonadas dos pátios, e lavava as próprias roupas, conforme lhe era possível, esgotando-se mais a cada dia que passava. Deparando-a, um dia, no pátio, entregue a esses serviços inadequados a uma doente, Felício, que fora sempre grande admirador de Nina, espantou-se com o que via e procurou pedir explicações do fato à governanta. Mas esta repeliu-o, ameaçando despedi-lo se voltasse a intrometer-se nas lides internas do palácio. Que ele era um simples cocheiro, tratador de cavalos, e não fiscal do palácio. Que a hóspede fazia o que era devido, porque as demais hóspedes do conde também o faziam. Afiançara que cumpria ordens do dono da casa e sabia muito bem o que estava fazendo.

Violenta discussão seguiu-se. Felício declarou que não acreditava que o amo ordenasse tais rigores para com a enferma, que dele merecera sempre desvanecedora caridade e muito afeto. Manuel interveio, apoiando a mãe na discussão. Em dado momento, os dois homens, que passaram a mutuamente se insultar, atracaram-se e se agrediram lamentavelmente. Rosária, então, que recebera do amo toda a autoridade para dirigir a casa e manter a ordem em sua ausência, despediu Felício, e o cocheiro fiel, único leal amigo que Nina ainda possuía naquela casa, nada mais teve a fazer senão receber o seu salário, reunir suas roupas e partir em rumo ignorado.

Entrementes, chegando a Paris, D. Ramiro escrevera uma paternal carta a Nina, confortando-a, recomendando-lhe repouso e assiduidade nos medicamentos e prometendo regressar tão logo se desincumbisse das tarefas que o haviam levado até lá. Ainda teria de visitar a Bélgica a serviço dos seus ideais de Medicina, isto é, visitar hospitais para inteirar-se do progresso dos mesmos, a bem do seu hospital de Madri; por isso, pedia a ela que não se impacientasse e atendesse Rosária, que merecia dele a máxima confiança. Escrevera igualmente a Rosária, fazendo mil recomendações benévolas em favor de todos os seus protegidos e a respeito de sua pupila, em particular. Mas a carta para Nina fora interceptada, para ser entregue antes a Constância, e a jovem bailarina não tomou conhecimento dela. Tomara, porém, conhecimento de que D. Ramiro, na carta a Rosária, ordenava que esta lhe desse ciência de que seu benfeitor mandava-a retirar-se de sua casa e retornar ao convívio de seus companheiros de palco, já que ela tencionara fazê-lo antes, pois ele não regressaria à Espanha tão cedo, e, ao regressar, desejaria a casa desimpedida de hóspedes, porquanto pretendia casar-se imediatamente e não mais poderia comprometer-se com a proteção a ela ou a outro qualquer desamparado da sociedade.

Nina duvidou da veracidade dessa intimação. Não seria possível que seu benfeitor a pusesse na rua, doente, incapacitada para o trabalho, depois de tantas provas de benevolência e caridade. Todavia, a carta foi-lhe apresentada. Nina desconhecia a caligrafia do conde, era pessoa ingênua e inexperiente, habituada aos maus-tratos e injustiças de todos, e mal aprendera a ler, pois, embora D. Ramiro procurasse ensinar-lhe a leitura e lhe desse uma preceptora, seu estado de saúde não permitira que ela se aplicasse seriamente ao aprendizado de alguma coisa. Manuel Garcia forjara a carta, com a cumplicidade de Constância e da própria mãe, imitara tanto quanto possível a letra irregular do amo, que era médico e não escrevia elegantemente, e a antiga bailarina outro remédio não teve senão render-se à evidência do seu caliginoso destino.

Consentiram que ela levasse algumas roupas e lhe deram uma pequena bolsa com algumas moedas, o que Nina aceitou com as faces banhadas em lágrimas. E, dois dias depois do recebimento das cartas, Nina saía soluçante, quase ocultamente, por um portão lateral, dando a impressão de que fugia, mais uma vez enxotada de um lar, para tentar viver como quisesse ou como pudesse.

A infeliz tomou um carro, daqueles que serviam os pobres, e procurou a residência dos seus antigos companheiros de dança, pedindo trabalho, qualquer que fosse. Estes, porém, desculparam-se, cheios de pena, arrazoando que ela se encontrava doente, não poderia mais dançar, eles eram pobres e não tinham condições de sustentá-la e outro trabalho não lhe conviria porque sua moléstia era perigosa e poderia afetá-los também. Que ela procurasse recursos no hospital onde estivera e era conhecida. Não lhe ofereceram almoço e Nina não se alimentou naquela manhã. Tampouco contou-lhes ela que fora enxotada pelo próprio D. Ramiro, nem seus antigos comparsas indagaram das razões por que a viam assim.

No entanto, acatou a sugestão recebida e dirigiu-se ao hospital. Aos porteiros e serventes que a atenderam, explicou que já fora internada naquele hospital, que era protegida de D. Ramiro e de D. Carlos e necessitava do auxílio da casa, pois se encontrava na rua, sem saber onde passar a noite; que a levassem à presença de um dos médicos do dia, ela os conhecia a todos e explicaria o que fosse necessário.

Responderam-lhe que todos os mendigos e vagabundos de Madri que ali apareciam diziam-se protegidos de D. Ramiro e de D. Carlos; que ambos se achavam em viagem e que os demais médicos estavam ocupados e passara já a hora das consultas. Uma servente mais humana, vendo-a trêmula e desfigurada, forneceu-lhe um prato de comida, retirado às ocultas das cozinhas. E, nessa noite, Nina dormiu ao relento, encolhida no vão da entrada nobre de um palácio.

Na manhã seguinte, intimada a levantar-se dali por um criado que polia os mármores dos degraus, a sofredora lembrou-se de que possuíra algumas boas amigas no bairro cigano, onde outrora residira. Dirigiu-se para lá a pé, economizando algumas moedas que, certamente, lhe fariam falta para alimentar-se. Caminhou parte do dia, chegando à sua antiga e triste morada ao entardecer.

Receberam-na com desagradável surpresa, não a convidaram a entrar e sequer lhe ofereceram café quente.

Nina pediu trabalho, qualquer que fosse. Responderam-lhe que estava desfigurada e esquálida, não tinha mais condições para a boêmia, pois dir-se-ia uma pedinte; e quanto a trabalho não seria possível: aquela tosse cavernosa era mau sintoma e poderia contagiar as demais... Perguntaram-lhe, porém, pelo fidalgo que a apadrinhara e levara. Nina não respondeu e pôs-se a chorar. Estava exausta e trêmula, e tossia. Gastou algumas moedas na compra de um pão com uma fatia de carne, que um menino vendia numa cesta, e pediu para passar ali a noite, pois caía uma chuva fina e fria. Consentiram, sob condição de não passar da varanda onde as mulheres fumavam e bebiam com seus homens, nas noites quentes. Nina, então, encolheu-se no canto mais escuro e acomodou-se. Lembrou-se de Michaelus e perguntou por ele, recordando-se de que, no seu tempo, nunca passara a noite ao relento. Responderam-lhe que o antigo chefe deixara Madri e nunca mais dera notícias. E, nessa noite, faminta, friorenta, pois a capa de D. Ramiro havia desaparecido desde que fora para o palácio, desalentada, sem esperanças e amargurada com a incompreensível atitude do seu benfeitor, Nina, contemplando a janelinha do seu antigo domicílio, sentiu saudades do tempo em que o habitara e lamentou consigo mesma:

— Ali ao menos eu não estava na rua. Michaelus não era mau... Foi o único que nunca me pôs fora...

Na manhã seguinte, não tomou atitude para se retirar. Tossira a noite inteira, encontrava-se febril e exausta, mas pediram-lhe que se fosse. Não tinham condições para abrigá-la. Suas antigas companheiras viram os dois vestidos que Rosária Maria lhe dera, à sua saída. Eram bons, elas gostaram e Nina vendeu-lhos.

E pôs-se a caminho...

Voltou ao palácio do seu benfeitor. Mantinha-se completamente fechado. Passou ali parte do dia, sem ter para onde ir, aguardando algo indefinível. Que esperava? Ela própria não saberia dizê-lo. Sentou-se à beira da calçada e pôs-se a chorar. Os raros transeuntes do bairro senhorial, vendo-a a chorar e a tossir, davam-lhe esmolas e ela as aceitava...

Mas o porteiro viu-a, reconheceu-a. Participou o ocorrido a Manuel Garcia. Este fez vir um policial e a antiga bailarina foi enxotada para outro bairro, advertida de que, se insistisse em fazer ponto defronte dos portões de Sua Excelência, seria recolhida a uma enxovia.

De seu lado, Rosária Maria, seu filho e a bela Constância tiveram pressa em responder à carta do conde. Rosária escreveu-lhe, afetando consternação e angústia ao participar-lhe que, mal ele, D. Ramiro, partira, Nina Vidigal fugira com um cigano bailarino, seu antigo amante, que desde muito, ao que se descobrira, rondava os portões do palácio.

Sublimação

Que ela declarara não suportar mais aquela vida enclausurada, e que, até o dia em que a carta era escrita, não fora possível encontrá-la, havendo suspeitas de que partira de Madri. Nem os dois servos nem Constância receavam as consequências dessa intriga: o conde confiava cegamente em Rosária. Nina era, incontestavelmente, uma mulher de maus hábitos, que bem poderia ter agido conforme o noticiário da carta, e se fosse encontrada e revelasse a verdade, Rosária saberia desdizê-la em presença do amo, como intrigante, devassa e caluniadora. Constância estaria fora de suspeitas, e quem sabe se, posteriormente, o conde não voltaria aos braços da antiga noiva?

Má e ignorante, Rosária não queria prever consequências e não meditava em que, agindo assim, ofendia as Leis de Deus.

Ao receber a correspondência de seus servos de confiança, D. Ramiro sentiu-se aflito e sucumbido, e seu primeiro ímpeto foi regressar imediatamente a Madri, a fim de procurar sua pupila. D. Carlos penalizou-se, também, e profunda consternação tomou conta dos dois grandes amigos da pobre Nina. Mas seus compromissos eram grandes, deviam visitar ainda, para estudos a bem do hospital que dirigiam, os hospitais da Bélgica, além de não poderem interromper sua participação nas importantes cerimônias do congresso a que haviam comparecido.

D. Ramiro, particularmente, tanto mais depressa aceitou o noticiário de Rosária quanto a própria Nina lhe confessara que, em sua ausência, não desejaria permanecer no palácio, ficara mesmo constrangida pela sua negativa em retirá-la dali temporariamente, e convencido de que, ao seu regresso, seria fácil encontrá-la nos meios a que estivera ligada antes.

Por sua vez, D. Carlos advertiu-o:

— Creio que te esforças em vão, meu caro Ramiro. Nina jamais se adaptará ao nível moral que para ela sonhaste. Lembra-te de que recebeu péssima educação de seus maiores e que sua juventude tem decorrido em ambientes boêmios...

O conde não respondeu, mas uma grande amargura torturou-lhe o coração e ele resolveu, então, esperar pelo término do congresso e realizar a viagem de estudos à Bélgica, já que não poderia, com efeito, obrigar Nina a submeter-se à sua generosa proteção.

D. Carlos, no entanto, regressou a Madri com mais presteza. Preocupado com os doentes que deixara no hospital, sob responsabilidade de jovens auxiliares pouco experientes, retornou aos próprios serviços tão logo se liberou dos encargos do congresso a que prestara concurso, desistindo dos estudos em hospitais, os quais ficaram a cargo exclusivo de seu amigo De Montalban.

X

Bem-aventurado é aquele que atende ao pobre; o Senhor o livrará no dia do mal.

(SALMOS, 41:1.)

Ora, alguns poucos dias depois do regresso de D. Carlos a Madri, Nina Vidigal rondava novamente as grades do parque do palácio de seu benfeitor. Ela contara, dia a dia, a ausência daquele que, por se ter compadecido dela — o único homem que, verdadeiramente, a considerara e respeitara —, merecia a veneração do seu coração. Era-lhe difícil crer na veracidade daquela carta lida para ela pela governanta Rosária Maria. Às vezes, porém, inclinava-se a crer naquela desumana expulsão. Então, desolava-se até o desespero, e era quando, sem consolo, sem esperanças, media as ruas de Madri em longas caminhadas, até cair exausta em algum vão de portas ou nos degraus de alguma catedral. Tornara-se mendicante e suas vestes eram, agora, imundas e repulsivas. A tuberculose devorava-a e ela mantinha-se de pé, certamente, por um milagre do desejo de reaver o seu protetor.

Sublimação

Naquele dia, depois de muito caminhar, arriscou-se a chegar até as grades do Palácio de Montalban, na esperança de encontrar algum vestígio do regresso do conde bem-amado de seu coração. Havia três meses que D. Ramiro se ausentara. Não era possível que ainda não tivesse regressado. Ela precisava encontrá-lo, falar-lhe, pedir-lhe socorro, já que amparava a tantos, e narrar-lhe a desumanidade de que fora vítima. Se fosse, porém, por ele mesmo, pessoalmente, repelida? E como se apresentar no estado miserável em que se encontrava? Voltara ao hospital mais de uma vez. Fora repelida como no primeiro dia. Contudo, agora se pusera à frente da entrada do palácio, junto ao portão principal, pois sabia que por ali entraria a carruagem de Sua Excelência. Para não cair, pois se sentia exausta, agarrara-se à grade com as duas mãos e assim permanecera longo tempo, observando com angústia aquelas janelas e portas fechadas, que nunca se abriam.

Subitamente, porém, não suportou mais a angústia, o cansaço, a fome, o frio, que a flagelavam desde a manhã, pois chovia. Caiu desamparada no chão e ali ficou desfalecida, semimorta.

No entanto, uma outra personagem também rondava as proximidades do palácio havia já vários dias, esperançada de que o conde já tivesse voltado da viagem que empreendera, pois necessitava falar-lhe e pedir-lhe o antigo emprego de cocheiro particular, do qual fora injustamente despedido. Era Felício, que se encontrava ainda desempregado e não se conformava com a injustiça sofrida dos servos de confiança do seu amo muito querido.

Felício caminhava lentamente, sob a chuva fina que pressagiava geada, quando, de repente, deparou uma mulher — uma mendiga — caída na calçada. Abaixou-se para observar se vivia ou se estava morta e, depois de alguma hesitação, reconheceu, naquele destroço humano, a bela Nina Vidigal, de quem fora grande admirador.

Chamou-a pelo nome, examinou-lhe o coração, os olhos. Ela vivia.

Que fazer? Precisava socorrê-la. Aprendera com seu amo a ser humanitário, a socorrer os desgraçados. Pensou em chamar o porteiro e pedir ajuda no palácio. No entanto, compreendeu que seria em vão e até perigoso. Nina, ali, naquele estado deplorável, atestava o drama terrível de que certamente fora vítima.

"Não! Não!" — pensou. — "D. Ramiro não regressou ainda. Se tivesse regressado, Nina não estaria aqui, morrendo de miséria à sua porta!"

Aflito, procurou pelas imediações um fiacre barato, cujo preço de corrida era sempre acessível aos pobres. Encontrando-o, trouxe-o para junto de Nina, tomou-a nos braços, acomodou-a no interior do carro, auxiliado pelo homem da boleia, e mandou tocar para o Hospital da Associação Beneficente.

Lá chegando, entrou com a pobre nos braços e declarou que desejava falar ao Dr. Carlos de C... ou a um seu substituto, caso ele ainda não tivesse retornado da viagem que empreendera. Todavia, serventes e auxiliares replicaram que não era hora de consultas, voltasse no dia seguinte, pela manhã.

— Como assim?! — exclamou Felício em altas vozes. — Esta desgraçada foi por mim apanhada semimorta de miséria na rua, debaixo de chuva, está doente, como vedes, trago-a para aqui, procurando socorro a fim de tentar salvar-lhe a vida, e vós outros me mandais voltar amanhã? Este hospital é para os pobres, dirigido por meu amo, o senhor D. Ramiro de Montalban, sou o cocheiro particular dele; ele é a caridade em pessoa, e vós outros vos atreveis a ir contra suas ordens? Pois bem sei que a ordem aqui é socorrer os infelizes a qualquer momento que batam a esta porta! Não sairei daqui, quero falar com D. Carlos e falarei, ainda que tenha de quebrar estas portas! Sabeis, porventura, quem é esta infeliz que sustento em meus braços? É a bailarina Nina Vidigal, que aplaudistes no Albergue Boa Estrela, nas vossas noites de boêmia, e agora a deixais morrer sem socorro?

Sublimação

Bradava indignado, apresentando razões. Um estudante ouviu o vozerio, de uma sala próxima, e procurou averiguar o que se passava. Reconhecendo o servo de D. Ramiro e informando-se de que aquela mulher, quase irreconhecível, era Nina, a pupila do presidente da Associação mantenedora daquele hospital, fez vir rapidamente uma padiola, levou-a para uma sala de consultas e preveniu D. Carlos. Surpreendido, este não perdeu tempo. Examinou-a, constatou a inanição que atingira a pobre e quanto avançara a doença atroz que a vitimava. Socorreu-a rapidamente, entregando-a depois às enfermeiras, a fim de que a higienizassem e levassem a um quarto particular, como havia feito D. Ramiro. Intrigado, indagou de Felício o que sucedera a Nina, pois o que constava era que a bailarina deixara o palácio voluntariamente, na ausência do conde, fugindo com o cigano seu antigo amante. Mas Felício não concordou com a versão e replicou:

— Não creio que a pobre Nina fugisse, doente como estava. Não sei, porém, ao certo o que houve, pois quando fui despedido pela governanta, ela ainda se encontrava lá...

— Pois foste despedido? Por quê?...

— Porque, um dia, indignado contra os maus-tratos que Nina recebia da governanta e de seu filho, protestei e ameacei levar ao conhecimento de meu amo o que se estava passando. Basta dizer-vos, senhor visconde, que havia ordens para que Nina fosse tratada como verdadeira irmã de meu amo. No entanto, Rosária Maria privava-a até da alimentação regular. A pobrezinha passou fome no palácio de D. Ramiro, o homem mais humanitário de Madri, chamado o protetor dos pobres. Na ausência dele, ultimamente, Rosária fazia-a lavar a própria roupa, cozinhar para si mesma, se quisesse comer, arrumar e esfregar os cômodos que ocupava. E ela doente, tísica como está... Não lhe dava os gêneros suficientes para que ela os preparasse para a própria nutrição, e eu mesmo, muitas vezes, favoreci Nina comprando gêneros para ela... e tudo isso numa casa que hospeda pobres e até mendigos de toda parte. A preceptora despediu-se porque sabia de tudo isso, defendia Nina e foi acusada pela governanta em presença do senhor conde. Este, porém, não deu crédito ao que dizia a preceptora, a respeito dos maus-tratos a Nina, confiava plenamente em Rosária, e a preceptora demitiu-se...

D. Carlos silenciou acabrunhado. Compreendeu que um grave enredo fora tecido e que seu amigo fora ludibriado pelos servos, a julgar pelo que via e ouvia.

No dia seguinte, Nina reanimou-se e pôde falar. D. Carlos sentou-se diante do leito, tomou da mão da doente, que se encontrava fria e quase inerte, e perguntou-lhe carinhosamente:

— Que aconteceu contigo, minha filha? Por que deixaste a casa de teu protetor? Ele está desgostoso com o teu procedimento, o qual não esperava... Confia em mim, conta-me tudo!

A infeliz pôs-se a chorar e respondeu, sacudida pelos soluços, a voz rouca e baixa como a têm os tuberculosos nos seus últimos dias de vida terrena, fatigando-se e arquejando a cada palavra:

— Eu não deixei a casa de meu benfeitor, senhor D. Carlos; ele escreveu à governanta, de Paris, mandando que eu me fosse embora porque, ao regressar, precisava do seu palácio desocupado, visto que se casaria imediatamente...

D. Carlos protestou surpreendido:

— Mas eu tenho certeza de que D. Ramiro não fez isso, seria incapaz de proceder assim com quem quer que fosse e ainda menos contigo, a quem ele ama profundamente... e nem pretende casar-se...

— Puseram-me fora. Todos me põem fora... só Michaelus nunca me pôs fora. Negaram-me recursos, não consegui trabalho, vivi todo esse tempo ao relento, recebendo esmolas de quem passava e me via tossir...

Sublimação

— Por que não procuraste este hospital, onde serias abrigada? Havia ordens para que fosses atendida a qualquer hora...

— Procurei, mas os funcionários puseram-me fora... Todos me põem fora...

E Nina, em lágrimas, narrou o drama que vivia desde a partida de seu benfeitor. D. Carlos, então, murmurou para si mesmo:

— Fomos imprevidentes, não protegemos Nina o bastante, para nos ausentarmos, sendo ela um caso especial, como é... Eu bem dizia a Ramiro que não a levasse para a casa dele, previ tudo isso... Mas ele ama-a, não quis separar-se dela...

Nina, porém, prosseguiu, após alguns minutos de silêncio, durante os quais a enfermeira alimentou-a com um caldo revigorante, às colheradas:

— Vou morrer, senhor D. Carlos, mas antes quero agradecer-vos a bondade e o trabalho que tivestes comigo, que nada valho. Minha maior dor é não rever o senhor D. Ramiro antes de morrer. Rogo-vos dizer a ele que agradeço do fundo de minha alma o que fez por mim; que não fugi da casa dele, não! Saí porque assim ordenava a carta que ele escreveu à sua governanta; que nunca mais errei, desde que o conheci, cumpri a promessa que a ele fiz; que o amo santamente, e que se, com efeito, possuo uma alma imortal, como ele me afirmava, ela se converterá a Deus pelo amor que ele me inspirou...

Retirou do dedo, a custo, o pequeno anel que recebera no memorável dia do aniversário natalício dele mesmo, e concluiu:

— Rogo-vos entregueis ao meu benfeitor o anel com que ele me presenteou no dia em que para ele dancei, em sua mansão campestre. Sofri miséria e dor, mas conservei-o. É de valor, a única joia que possuí em minha vida. É justo que eu a devolva a seu dono...

Caiu exausta sobre as almofadas e silenciou. Foram essas as últimas frases que Nina Vidigal pronunciou.

Na madrugada seguinte expirou, velada por D. Carlos de C... e uma enfermeira.

XI

Cerca de um mês depois do decesso de Nina Vidigal, D. Ramiro de Montalban regressou à pátria. Sua partida de Bruxelas deu-se precipitadamente, em vista de um fato insólito ocorrido com ele próprio. Não concluíra, portanto, o estudo que fazia, tudo deixara em razão da angústia de que se sentira possuído após o estranho acontecimento. O certo foi que, naquela noite em que Nina agonizava em Madri, ele se recolhera ao seu quarto de hotel em procura de repouso. Nunca mais tivera notícias de sua protegida. D. Carlos nada sabia a respeito dela senão o que ele próprio, Ramiro, sabia. A única notícia que lograra obter fora tão acabrunhadora que, todas as vezes que dela se recordava, procurava expulsar das lembranças a pobre criatura a quem quisera salvar do opróbrio da prostituição: Rosária, sua serva de confiança, participara-lhe, em carta extensa, que Nina fugira com o antigo amante — Michaelus — e nunca mais aparecera, pois, segundo disseram seus antigos companheiros, voltara para a Andaluzia, razão pela qual não a havia encontrado. Desanimado, indignado, supondo uma rebeldia, uma ingratidão da parte de Nina, o fidalgo resistira ao primeiro impulso intuitivo que tivera: regressar imediatamente a Madri e procurar sua protegida. Deixou-se, porém, enredar pelas intrigas de sua governanta, na qual confiava, e refletiu que Nina ainda não estaria amadurecida moralmente para a renovação de que ele teimava em querer persuadi-la. Fechou a amargura no coração e prosseguiu nos afazeres que o levaram à França e à Bélgica, mas nunca mais se sentira satisfeito consigo mesmo.

Sublimação

Naquela noite, ele regressara mais cedo ao seu quarto de hotel, em Bruxelas, e, depois do jantar, pusera-se a ler os jornais do dia, sentado em uma poltrona junto a uma mesinha, na qual se assentava o candelabro à luz do qual entregava-se à leitura. A porta do quarto ficara meio aberta porque um criado deveria trazer o chá por ele encomendado. Em dado momento, ouviu um leve batido na porta. Engolfado na leitura, sem suspender os olhos, disse a meia-voz, supondo tratar-se do criado que chegava:

— Pode entrar, Roger. Descansa a bandeja sobre a mesa...

E continuou lendo, pois o assunto interessava-o. Passados alguns segundos, repetiu-se o batido na porta com mais força e ele, alteando a voz, tornou a dizer:

— Pode entrar, já disse, descansa a...

E dirigiu os olhos na direção da porta. Então, surpreendido, largou o jornal, levantou-se e exclamou sorridente:

— Nina, minha filha! Pois vieste?...

E encaminhou-se para ela, a fim de recebê-la e abraçá-la.

No entanto, Nina ocultou-se dele, encaminhando-se para o corredor onde se alinhavam os demais apartamentos do hotel.

D. Ramiro chegou à porta com rapidez, procurou Nina, mas não mais a viu, ninguém havia por ali. Examinou as portas vizinhas. Estavam fechadas. No extremo do corredor, apareceu o criado do hotel com o chá pedido. Ele foi ao seu encontro e indagou emocionado:

— Viste uma jovem envolta em uma mantilha espanhola, os cabelos soltos?

— Não, senhor conde, não encontrei aqui ninguém....

Ramiro calou-se e entrou no quarto. Impressionado, murmurou consigo mesmo:

— No entanto, era Nina, eu a vi e reconheci... Meu Deus! Como estava abatida e triste!

Retirou o relógio do bolso e verificou as horas. Eram 10h 40min.

Em Madri, Nina entrara em agonia após a conversação com D. Carlos, no leito do hospital, depois de se referir a ele cheia de mágoa e saudade, para em seguida emudecer para sempre.

No dia seguinte, o moço filantropo deixava Bruxelas com destino à França, a caminho de sua pátria.

* * *

D. Ramiro foi recebido com alvoroço em seu palácio. Não era esperado e encontrou os servos desprevenidos. O porteiro não tivera como prevenir o criado de quarto e a governanta, e o conde entrou sozinho, deixando as malas no vestíbulo, para que Manuel Garcia e outros servos as fossem buscar. Os tapetes abafavam seus passos, e ninguém pressentiu sua entrada na grande habitação. Ouvindo, porém, vozes altas e risadas num determinado compartimento, dirigiu-se para lá, bateu discretamente na porta e abriu-a repentinamente. Estacou, porém, cheio de espanto: a condessa de Vilares, sua antiga noiva, encontrava-se ali com sua dama de companhia, Rosária, Manuel Garcia e duas criadas comuns. Sentavam-se à roda de uma mesa e tomavam chá com biscoitos e bolos, servidos pelas duas jovens criadas. Constância como que se encontrava em família, tão à vontade e risonha como se se encontrasse em sua própria casa. Vendo estarrecida, o antigo prometido de pé, no umbral da porta, levantou-se de ímpeto, ruborizada e trêmula, ao passo que se levantavam os servos e Rosária e Manuel adiantavam-se para ele, exclamando, cheios de confusão:

— Ó senhor D. Ramiro, não sabíamos de vossa volta... Bem-vindo sede!

O dono da casa cumprimentou com uma vênia cerimoniosa, sem nada dizer, e retirou-se para seus aposentos. Com acento grave, disse a Manuel, apenas:

— As malas estão no vestíbulo.

E não saiu dos próprios aposentos durante o resto do dia, pois se sentia fatigado.

A presença de Constância em sua casa contrariava-o, como o contrariava a desenvoltura dos criados em torno dela. Aquela familiaridade permitida por Constância, tão orgulhosa e ciosa da própria posição social, pareceu a ele antes uma cumplicidade, fosse de que natureza fosse; quem sabe se tramava, mesmo, sua reconciliação com ela, fato que ele repeliria com todas as forças? Ramiro esquecera o amor de Constância e nada em seu coração impelia-o a reatar as antigas relações. Por sua vez, a jovem condessa retirara-se imediatamente, sem retribuir-lhe a vênia, aturdida por se ver surpreendida pelo antigo noivo, pois vinha à sua casa às ocultas, e, naquele dia, por pouco não fora por ele encontrada examinando seus aposentos e arquivos, visto que nem todas as suas chaves o moço filantropo carregava ao viajar.

À tarde, serviu-se de um repasto leve, guardando estranho silêncio, a despeito dos esforços de Rosária para despertar-lhe a atenção. A lembrança de Nina desolava-o. Pediu as chaves dos aposentos dela e dirigiu-se, sozinho, para lá. Rosária e Manuel quiseram acompanhá-lo, lamentando a ausência da jovem ingrata, mas ele não permitiu. Entrou ali e demorou-se cerca de meia hora. Examinou armários, gavetas, estantes, toucadores. Estava tudo em ordem. O que pertencera a Nina, por ele fornecido, achava-se ali: roupas, calçados, agasalhos, mantilhas, perfumes, enfeites, objetos de arte, medicamentos. Dir-se-ia, efetivamente, que sua protegida tudo abandonara e rejeitara, para seguir o amante.

"Deve amá-lo muito, para que renunciasse a tudo, dessa forma" — pensou tristemente.

Retirou-se depois, guardando as chaves consigo, e disse a Manuel Garcia:

— Chama Felício com a carruagem. Não jantarei aqui.

O servo infiel, confuso, dirigiu-se para a porta, mas voltou-se de súbito e esclareceu:

— Eu mesmo guiarei o carro, senhor, Felício despediu-se dos serviços do palácio e ainda não conseguimos outro cocheiro recomendável...

O conde fitou o servo, surpreendido, e interrogou:

— Felício despediu-se? E por quê? Que houve, afinal, aqui, em minha ausência?

— Não sei dizer a razão, senhor, nada houve de importante, ele não explicou, despediu-se, simplesmente... Talvez minha mãe saiba alguma coisa, mas nada disse. Sinto muito. Eu mesmo guiarei a carruagem...

No entanto, o moço filantropo deteve-o, dizendo:

— Não gosto do teu modo de conduzir os cavalos. Chama uma carruagem de aluguel.

A carruagem chegou ao portão e D. Ramiro subiu para ela, ordenando ao homem da boleia:

Sublimação

— Para o bairro cigano, portão número dez...

Chegando ao local, para ele já conhecido, dirigiu-se ao segundo pátio, onde Nina morara. Àquela hora da tarde, ainda cedo, o local estava quase deserto. Contudo, três mulheres comiam, bebiam e fumavam na varanda de entrada da casa maior, onde residira Michaelus e onde, agora, residiam os mais abastados moradores locais. Foi imediatamente reconhecido por uma delas, a qual exclamou, ao avistá-lo:

— É o fidalgo de Nina. Boas-tardes, senhor!

D. Ramiro cumprimentou-as com respeito e foi logo ao que vinha:

— E a senhorita Vidigal? Não voltou para cá?

As três mulheres estranharam a pergunta, levantaram-se curiosas, e responderam:

— Não, meu fidalgo, Nina não voltou para nós...

— E Michaelus? Constou-me que ela voltou para ele... Não apareceram por aqui?...

— Tal notícia deve ser falsa, senhor! Michaelus foi embora de Madri e nunca mais soubemos dele. Nina apareceu aqui pedindo trabalho, há cerca de três meses, mas sozinha. Estava tísica, e tão miserável que nos vendeu os dois únicos vestidos que possuía...

Uma delas retirou-se para o interior da casa e trouxe os vestidos, apresentando-os a D. Ramiro, que tudo ouvia intrigado. A outra prosseguiu:

— Não pudemos hospedá-la porque não havia cômodo disponível. Ela passou a noite nesta varanda, sentada naquele canto, ali, e tossiu e chorou a noite toda... e ouvimo-la dizer, entre lágrimas, que "no tempo de Michaelus ao menos nunca dormira ao relento"... Logo, ela não voltou para ele... Tivemos muita pena. Ela pediu trabalho, mas que poderia fazer aquela infeliz, se já não podia dançar nem servia mais para a boêmia? Perguntamos-lhe por vós. Ela não respondeu e pôs-se a chorar. E nunca mais a vimos.

D. Ramiro agradeceu e retirou-se, demandando a casa dos bailarinos, amigos de sua pupila. Não obteve senão o mesmo noticiário que acabara de obter no bairro cigano. Então, dirigiu-se ao hospital. Estando tão doente, era possível que a jovem bailarina procurasse o hospital onde se tratava. E meditava, enquanto rodava a carruagem:

— No entanto, Rosária afirmou que Nina fugiu com Michaelus...

Já no hospital, o moço fidalgo deparou com Felício lavando o vestíbulo com uma vassoura e um balde de água. O servo cumprimentou-o com os olhos rasos de lágrimas, enquanto o amo o interrogou:

— Felício, por que lavas o chão?

— Estou empregado aqui, senhor!

— Ao terminar, procura-me na sala dos médicos. Preciso falar-te.

Disse-o e dirigiu-se para o interior do hospital, cumprimentando afetuosamente a quantos encontrava pelo caminho.

Encontrou o amigo, D. Carlos, no escritório, curvado sobre livros, cioso de conhecer sempre mais a Ciência a que se consagrara. Os dois amigos abraçaram-se efusivamente e trocaram impressões variadas, depois do que D. Ramiro, traindo nervosismo e constrangimento, indagou de D. Carlos:

— E Nina? Acaso estará aqui, internada? Acabo de saber que estava gravemente doente...

D. Carlos fitou-o compungido, e respondeu:

— Sim, Nina esteve aqui, hospitalizada, mas já não está, saiu...

Os dois homens fitaram-se novamente, talvez curiosos, talvez embaraçados, e Ramiro perguntou, a voz grave e rouca:

— E sabes o que é feito dela? Para onde foi? Eu sei que sabes. Diga-mo, Carlos!

— Está sepultada. Morreu há um mês.

O conde nada disse. Passou a medir o aposento com longas passadas, e pensava:

"Ela, ou a sua alma, foi avisar-me, em Bruxelas. Eu sabia, eu sabia..."

De repente, Carlos falou:

— Por que a expulsaste naquelas condições? Foi uma desumanidade! Nunca tinhas feito tal coisa a nenhum dos nossos protegidos. Ela desrespeitou, porventura, a tua casa? Nina estava recuperada do seu infeliz destino. Poderias tê-la mandado para aqui, ou para o campo, se não a querias em tua casa, com os outros. Ela estava gravemente doente. Apressaste sua morte com aquela carta...

No entanto, D. Ramiro não compreendia o que o amigo dizia. Protestou: ele não expulsara Nina, jamais seria capaz de expulsar alguém de sua casa, amava-a como a uma verdadeira irmã e quisera protegê-la, torná-la feliz ou, pelo menos, reconfortada. Ela é que fugira dele, acompanhando o antigo amante, ferira-o com a ingratidão, tal como relatara a sua governanta em carta que lhe escrevera para a França. Quem, pois, criara esse calunioso enredo contra ele; a própria Nina, porventura?

Então, D. Carlos relatou ao amigo, minuciosamente, o que sucedera a Nina, tal como ela o informara em seu leito de morte. Contou-lhe da carta que Rosária Maria apresentara como escrita por ele, Ramiro, ordenando que Nina deixasse o palácio, porque ele precisava da sua residência com urgência, visto que se casaria tão logo regressasse da viagem que empreendera. Falou-lhe da miséria que a desgraçada sofrera ao ser posta na rua pelos servos do palácio, dormindo ao relento, sofrendo toda sorte de penúrias e desconforto. Explicou-lhe o estado lastimável de decadência da antiga bailarina ao ser recolhida pelo hospital dos braços humanitários de Felício. Transmitiu-lhe o recado que ela lhe mandara poucas horas antes de morrer e entregou-lhe o anel com que ele a presenteara durante o memorável banquete do seu aniversário natalício, quando ela dançara para ele e os seus convidados, e falou-lhe ainda da mágoa que despedaçara o coração da infeliz jovem, mágoa que ela levara para o túmulo.

Entrementes, Felício foi chamado e narrou ao antigo amo tudo o que sabia sobre os maus-tratos infligidos a Nina pela governanta, por seu filho e os demais servos, por eles instigados. D. Ramiro sentia-se consumido e perplexo por todo esse drama se ter desenrolado sob seu teto hospitaleiro e, o que era pior, sob a responsabilidade do seu nome, quando ele tudo ignorava. Dirigiu-se, depois, à casa da preceptora de Nina, acompanhado de Felício, e ouviu o seu depoimento a respeito do assunto. Esta não só confirmou o que dissera Felício como esclareceu particularidades, as quais não ousara falar a D. Ramiro, naquele dia da alteração havida entre ela e Rosária, por saber que não seria acreditada, porquanto tais particularidades revelariam a cumplicidade de Constância no enredo que destruíra Nina em tão dramáticas circunstâncias.

Nessa noite, o moço filantropo não regressou a casa. Pernoitou no hospital, velou os enfermos, amenizou sofrimentos, quando ele próprio sentia a dor e a revolta no coração pela traição daqueles em quem confiava, e reanimou com frases de ardente fé aqueles que temiam a morte. Deu o seu plantão no hospital como humilde estudante que necessitasse de notas melhores para os exames de aprovação.

Sublimação

No dia seguinte, porém, antes mesmo do almoço, dirigiu-se ao palácio, levando consigo Felício. Encontrava-se ali fazia meia hora, a interrogar Rosária e Manuel Garcia acerca da fuga de Nina, quando chegaram D. Carlos e a preceptora.

Os dois servos sentiam-se aterrorizados com o interrogatório, o qual não esperavam, certos que estavam da incondicional confiança que o conde depositava neles. Titubeavam a cada interrogação do amo, contradiziam-se, inventavam sofismas, acusavam a morta, ao passo que fitavam Felício, ansiosos. Todavia, com a presença D. Carlos e da preceptora tudo se esclareceu. Ambos falaram o que sabiam a respeito de Nina e, instados por D. Ramiro a apresentar a carta em que havia a ordem de expulsão, não souberam o que dizer e se defendiam sem convicção, enquanto a preceptora virava-se para o conde e exclamava nervosamente:

— Eu vos disse, senhor conde, que esta mulher era terrível inimiga de Nina, criatura humilde e inofensiva, mártir da maldade alheia, mas não me acreditastes. Agora vedes com os próprios olhos que eu tinha razão. Nina jamais fugiria com quem quer que fosse porque vos respeitava, e ainda menos com o seu algoz Michaelus.

Certo da traição dos servos em quem confiava absolutamente, indignado contra a desumanidade praticada em seu nome contra um protegido, gravemente enfermo e desamparado, da nobre Associação por ele criada e dirigida, D. Ramiro de Montalban teve um gesto brutal pela primeira vez em sua vida, gesto nada cristão, mas que revelava a própria época em que ele vivia e o qual ele, futuramente, expiaria amargamente: ameaçou os servos de fazê-los interrogar por inquisidores policiais se não revelassem ali, naquele momento, toda a trama do desumano enredo. Como haviam, realmente, errado e abusado da confiança do amo, temeram as ameaças ouvidas e, em dado instante, Rosária confessou enraivecida:

— Sim, senhor D. Ramiro! Eu odeio Nina com todas as minhas forças e não me arrependo de havê-la posto por esta porta afora.

Odeio-a e seria capaz de matá-la com estas minhas mãos, se ela já não tivesse morrido, como acabais de dizer, e ido para o inferno, que abriga as mulheres da qualidade dela. Quero que o inferno a devore por todos os séculos dos séculos, porque, por causa dela, a minha Constância sofre até hoje; ela roubou o vosso coração da minha querida Constância... Foi o meu ódio que escreveu aquelas duas cartas: uma em vosso nome, expulsando-a daqui, e outra a vós, participando-vos a sua fuga. Não, ela não fugiu, foi posta fora, e fui eu que a expulsei daqui... E ficai certo, meu senhor, de que se ela não saísse naquele dia eu a teria matado e nem vós e nem ninguém jamais o saberia, porque eu a enterraria aqui mesmo, nos terrenos desse vosso parque, e...

D. Ramiro não a deixou acabar de falar. Retirou-se por alguns minutos, dizendo aos circunstantes que aguardassem. Foi até a cavalariça, ele mesmo, procurou e encontrou o chicote do cocheiro, e voltou correndo pelas escadarias que levavam ao compartimento de onde saíra. Chegando ali, alçou o chicote sobre Rosária e Manuel Garcia, enxotou-os brutalmente, sob chicotadas, até a porta da rua, como jamais tocara qualquer animal, fê-los tomar um fiacre de aluguel, empurrando-os para dentro e exclamando:

— Ide! Ide, bárbaros, odiosos, para a vossa digna ama, é lá o vosso lugar, não em minha casa!

Os demais criados, cúmplices de Rosária por obediência, foram despedidos naquele mesmo dia. Não havia ali mais hóspedes, porque a governanta despedira todos, como fizera a Nina. D. Ramiro, depois, deu ordens a Felício para que arrumasse malas com suas roupas e objetos indispensáveis e as levasse para o hospital, levasse os cavalos para a mansão rural e fechasse o palácio totalmente. Seria Felício, agora, servo fiel, o seu criado de quarto.

E D. Ramiro passou a residir definitivamente no hospital.

Sublimação

XII

Os Espíritos do Senhor, que são as virtudes dos Céus, qual imenso exército que se movimenta ao receber as ordens do seu comando, espalham-se por toda a superfície da Terra e, semelhantes a estrelas cadentes, vêm iluminar os caminhos e abrir os olhos aos cegos.

O Espírito de Verdade[62]

Por essa época fora publicado, em França, o código doutrinário do Espiritismo, isto é, *O livro dos espíritos*. Vindo também para a Espanha, esse livro fora bem-aceito pelas mentes lúcidas e os corações generosos, e a doutrina transcendente revelada pelos Espíritos superiores a Allan Kardec contou com adeptos muito leais no país. Entre estes, D. Ramiro de Montalban e D. Carlos de C... foram dos mais devotados e compreensivos, pois ambos possuíam conhecimentos sobre o assunto, além de conhecerem Esoterismo e Teosofia. Aceitaram, portanto, com alegria e entusiasmo o código de leis que é *O livro dos espíritos* e começaram a observar os princípios expostos no dito livro. Entretanto, moralmente muito contundido pelos últimos acontecimentos de sua vida, D. Ramiro decidiu voltar à França, visitar Allan Kardec, o ilustre autor do livro, e aprofundar-se nas experiências psíquicas e estudos junto ao mestre. Assim foi que partiu para a França por tempo indeterminado, ao passo que um novo serviçal era incumbido de zelar por sua residência, que ficava fechada, e Felício acompanhava-o como seu novo criado de quarto.

Chegando a Paris, o moço filantropo alugou uma pequena casa em bairro residencial modesto e passou a levar vida muito discreta, dedicada exclusivamente aos seus novos estudos e às experiências espíritas junto ao grupo dirigido por Allan Kardec.

Cerca de dois meses após sua chegada a Paris, D. Ramiro começou a ver a silhueta espiritual de Nina em sua casa. A princípio viu-a

---
[62] KARDEC, Allan.*O evangelho segundo o espiritismo*, Prefácio.

indecisamente, mas com o prosseguimento das aparições pôde distingui-la com precisão e até reconhecê-la. Satisfação sem limites invadiu-lhe a alma: Nina vivia — o que confirmava a revelação dos Espíritos —, pensava nele, pois procurava-o, apesar de não mais pertencer ao mundo terreno, e era a mesma de sempre: humilde e reservada, parecendo tímida diante dele, como sempre fora, e muito triste. Então, ele se recolhia, orava e punha-se a conversar mentalmente com sua antiga protegida:

"Como estás agora, minha querida? Sentes, porventura, o sofrimento causado por tua enfermidade? Sabes que não mais pertences ao mundo material e, portanto, não podes sofrer fisicamente? Sabes que teu corpo carnal desaparece na sepultura e que tua alma é imortal, e por isso estás aqui, e me vês, e eu te vejo e te falo, e sei que me ouves e compreendes? Não te assustes, minha irmãzinha querida! Deus permitirá que sejas amparada, e obterás a recompensa do muito que padeceste neste mundo..."

Todavia, o Espírito Nina não respondia. Continuava triste, por vezes desaparecia, para reaparecer em seguida. D. Ramiro, porém, continuava a conversar mentalmente e consolava-a:

"Não penses que escrevi aquela carta despedindo-te de minha casa. Não, minha querida, eu não faria isso com quem quer que fosse e ainda menos contigo, a quem quero tanto! Eras, és a minha irmã muito amada, e sofro profundamente com o que te aconteceu em minha ausência..."

Um dia, porém, o jovem titular assistia a uma experiência mediúnica de uns colaboradores de Allan Kardec quando viu Nina deslizando pela sala onde se reuniam. Orou em seu benefício, pensando:

"Nina sofre. Ela não encontrou paz no Além..."

De súbito, um dos médiuns presentes começou a escrever rapidamente e D. Ramiro viu que era Nina que, ao lado dele, lhe dava o seu pensamento, para que o instrumento humano transmitisse-o a ele, Ramiro. Ela estava amparada por uma entidade instrutora e escrevia facilmente.

Várias laudas de papel foram preenchidas com aquela escrita nervosa que traduz a ação do desencarnado sobre o médium, e Ramiro esperava, sereno, o final da manifestação para conhecer o conteúdo da carta que, certamente, seria dirigida a ele. Ao fim de dez minutos, a mão do médium deteve-se. Nina desapareceu da vidência de seu antigo benfeitor, o médium despertou e disse:

— É para vós outro, irmão Ramiro... — pois entre aquele grupo homogêneo de aprendizes da Grande Doutrina desapareciam os títulos nobiliárquicos, para se considerarem todos iguais perante Deus, irmanados pelo amor cristão.

D. Ramiro tomou daquelas páginas, colecionou-as e depois leu a mensagem, em voz alta, para aos companheiros também edificar:

"Sim, meu bom amigo e protetor, eu sofro e não encontrei ainda a paz que o vosso coração generoso me deseja. Mas não é a recordação do meu mal físico que me faz sofrer. Confesso que não guardei essa impressão da matéria, pois sentia que precisava morrer, ou desaparecer do mundo terreno, e ainda respirava no meu corpo físico e já sabia que ia deixando o mundo onde tanto sofri, para a Deus prestar contas dos meus atos.

Após o meu último suspiro no corpo físico entrei em sonolência... Adormeci e apenas percebi, como em sonho, que D. Carlos e o bom Felício conduziam-me ao cemitério, únicos amigos que tive para me acompanharem à última morada terrena. Agradeço a D. Carlos a despesa do meu funeral... Deus recompensá-lo-á por mais essa caridade, pois eu não poderei recompensá-lo senão com o amor e a gratidão da minha alma.

Adormeci... Não sei quanto tempo assim permaneci, tranquila e inconsciente, como que desmaiada. Despertei, porém, lentamente, sem saber onde me encontrava, pois eu me via cercada de brumas, como nevoeiro do inverno. Entretanto, lembrei-me de que estivera hospitalizada e, então, encaminhei-me para o hospital, onde com tanto carinho me trataram, e voltei ao quarto por mim mesma antes ocupado. O leito estava vazio, recomposto, à espera de algum outro ocupante. Sentei-me à beira dele e pus-me a refletir. Para onde iria eu agora, se continuava viva, se não morrera e nada me indicava o que deveria tentar a meu favor? A aflição sentida na Terra com a minha miséria continuava neste outro mundo, que eu não compreendia. E, nesse estado de indecisão, todo o panorama de minha infeliz vida desenrolou-se à minha frente, e eu assisti ao desfile dos meus atos como se fosse um drama teatral que se encontrasse arquivado dentro de mim mesma. A vergonha do que foi a minha vida, os deslizes que pratiquei, o opróbrio de me ter de vender a quem melhor pagasse para poder viver esmagaram a minha alma, pois vós sabeis, meu amado amigo, que nunca me adaptei de boa mente à triste vida que levei. Envergonho-me diante de mim mesma, diante de vós, a quem amo e respeito, diante de Deus, a quem devo prestar contas, pois hoje reflito que, com diminuta parcela de esforços, eu poderia antes ter usado o trabalho honesto como recurso para viver, em vez de me entregar à vida fácil da boêmia, arrastada pelas minhas próprias fraquezas, pelo que não soube evitar as companhias más. A tristeza, porém, galgou o ápice da desolação, em minha alma, quando me vi perambulando pelas ruas de Madri, faminta e doente, enregelada de frio, sem pouso, sem um teto que me abrigasse da chuva ou da geada, enxotada por todos, como os cães de rua talvez não o fossem. Vossa lembrança apareceu-me, então, qual consolo supremo, mas de pouca duração. E, então, indaguei, reportando-me a Deus, em pensamento:

'Por que, por que, Senhor meu Deus, vós, que sois Pai de misericórdia infinita, permitistes que eu sofresse tanto, sem de nada ser culpada?

'Por que fui infeliz desde a infância, sem lar, sem amigos, sem proteção, atirada ao mal do mundo como trapo desprezível, passando de mão em mão e de cada uma saindo mais ferida e aviltada?

Sublimação

'Por que o destino foi tão cruel para mim, jogando-me no mundo em plena adolescência, para me finar na via pública qual animal desabrigado? Porventura vós não sois também meu Pai?

'Por que tão tarde logrei o amparo de um coração generoso, o qual nada pôde fazer de consistente para mim porque eu já me encontrava condenada pelo passado e com o futuro para sempre comprometido?'

Sentada, ali, no mesmo leito em que o meu pobre corpo silenciara para sempre, vendo, à minha frente, extraída de mim mesma, a vida dolorosa que levei desde o berço, desfiz-me em lágrimas desesperadoras, e se não blasfemei, meu caro senhor D. Ramiro, foi porque vós me havíeis ensinado a respeitar e bendizer o nome de Deus, mesmo quando a desgraça me atingisse.

Mas, subitamente, vi-me envolvida por uma faixa de luz argêntea. Minhas lágrimas cessaram como por encanto. Não sei se me assustei ou se a percepção da presença de amigos para mim invisíveis reanimou-me. Pressenti que algo extraordinário realizava-se em meu benefício e o terror do abandono e da solidão, que tanto me martirizara durante a vida, desfazia-se, enquanto aurora de confiança despontava em meu ser. Fui arrebatada do quarto do hospital suavemente, pairando no ar como se fora uma pluma, e cercada de um plano azul luminoso, como se gravitasse sobre campo extenso. Lá embaixo, eu entrevia a cidade entre brumas, silhueta como desenhada em tintas frágeis. Uma voz afetuosa fez-se ouvir, atemorizando-me mais do que me confortando. E compreendi que ela se dirigia a mim e me dizia:

— Invocas o santo nome de Deus, minha filha, por entre interrogações aflitivas, sobre a razão dos teus infortúnios... Tuas indagações foram levadas em conta e aqui estou, incumbido de satisfazê-las. Por que não possuías lar, nem amigos, nem mesmo a honra pessoal pois eras pobre criatura desacreditada até perante o próprio conceito?

'Pois tu mesma responderás às tuas indagações... e essas respostas estão arquivadas no recesso de ti mesma, do teu ser espiritual...'

Aturdi-me, não compreendendo o que ouvia.

Estranha vertigem envolveu-me em seguida. Meu cérebro confundiu-se agitado. Fui abalada por emoções dolorosas, estranhas, e, em dado momento, vi o meu sepultamento pobre, acompanhado por D. Carlos e Felício. Voltei, então, à vida que acabara de deixar, mas em sentido contrário, isto é, revi o meu drama de trás para diante: da morte ao nascimento.[63] Revivi e sofri novamente todos os lances que já vivera, até que cheguei ao ponto em que era recém-nascida e sugava o seio de minha mãe, envolta em faixas de lã. Mas não parei aí. Terrível escuridão envolveu-me em seguida: eu atingira, no regresso de minha memória espiritual, uma existência anterior à que acabava de deixar. Vi-me no fundo das águas, afogando-me, debatendo-me à procura de hipotético salvamento, contundida, mutilada, desesperada e aterrorizada pelo que acabara de praticar, pois senti que me suicidara, atirando-me ao mar para não sofrer o opróbrio de me tornar mãe solteira...

Eu ia ser mãe e não tolerava a ideia desse filho que me desonrava...

Novo drama desfilou, então, à minha frente, eu mesma contando a mim própria o que fora esse drama: vi-me filha de um nobre fidalgo, cercada de respeito, atenções e conforto. Mas fui má filha para os meus pais, não os amava devidamente, não os respeitava, atraiçoei e menti a quantos me amavam, enxovalhei o bom-nome que usava com o desrespeito a mim própria, dando-me voluntariamente à desonra pessoal, movida por paixões inferiores que eu poderia ter dominado, mas as quais preferi acalentar. Vós éreis, então, o meu irmão mais velho, um segundo pai, a quem eu devia respeito e a quem muito amava, e chamava-me, então, 'Angélica'... Mas também os vossos conselhos desprezei, apesar do muito que vos queria, sem me aproveitar do ensejo de salvação que o Céu me permitia por meio de vossa pessoa, que me amava e tentava encaminhar-me para o bem. Perdi-me, portanto,

---

[63] N.E.: Ver autores de obras clássicas do Espiritismo: Léon Denis, Gabriel Delanne, coronel de Rochas, Ernesto Bozzano, Camille Flammarion etc. Regressão da memória em estado espiritual.

desgracei-me voluntariamente, quando poderia ter sido boa e feliz, pois tivera oportunidades para tanto. Os remorsos dos desatinos que cometi fizeram-me rogar a Deus a punição que me era justa. Voltei, então, a tomar outro corpo carnal, de modo a expiar meus erros e completar o tempo de existência que me faltava viver quando preferi o suicídio, e renasci como filha infeliz de um pobre saltimbanco, que morreu cedo e me deixou desamparada, entregue ao mundo. Fui Eponina Vidigal... E o que sofri vós sabeis, senhor D. Ramiro: era o resgate, a punição para aquela Angélica, filha de nobres, que não soube honrar a seus pais, que ultrajou o próprio lar com seu proceder desonesto e voltou à Terra só e desamparada, desonrada e ultrajada, a fim de aprender o respeito devido à família, a significação de possuir um lar e, acima de tudo, que o suicídio é um crime que retarda de séculos o equilíbrio mental e vibratório daquele que o pratica. Perdoai-me, senhor D. Ramiro! Perdoai-me, meu amado irmão!"

D. Ramiro leu em lágrimas a mensagem obtida e, enquanto os companheiros de reunião comentavam o valor dela, ele exclamava:

— Eu sabia que Nina Vidigal fora minha irmã em uma passada vida e se chamava "Angélica"... O amor celeste que lhe consagrei, a estranha piedade que ela me inspirou não poderiam ter outra causa...

Porém, um dos assistentes, inconformado com o fenômeno ali observado, levantou uma dúvida e a expôs aos circunstantes:

— Como Nina, sendo Espírito sofredor, recém-desencarnado, pois havia apenas meio ano que se libertara do peso carnal, mal sabendo, durante a vida, ler e escrever, agora poderia ditar uma comunicação de tão alto valor, corretamente escrita?...

Voltou o médium a concentrar-se, como se pedisse esclarecimentos aos amigos invisíveis ali presentes, e logo sua mão, por estes acionada, escreveu nervosamente:

"Nos refolhos do ser espiritual da irmã comunicante residem os conhecimentos intelectuais por ela adquiridos através de suas existências anteriores e na própria erraticidade. Durante a última encarnação, que foi expiatória, esses conhecimentos ficaram comprimidos na sua consciência profunda.[64] Uma vez liberta do cárcere carnal, eles brilharam novamente, iluminando-lhe a mentalidade. Acresce a circunstância de que a comunicante não está só: tutelares invisíveis assistem-na e a ajudaram nesse desabafo, de que sua alma necessitava, além do que era preciso que também ela desse o seu testemunho de sobrevivência nesta hora em que se esboça nova aurora de conhecimentos espirituais nos horizontes da vida humana..."

A sessão foi encerrada e D. Ramiro voltou a casa meditativo e confortado por boas impressões.

---

[64] N.E.: Ou subconsciência.

Conclusão

D. Ramiro de Montalban demorou-se um ano em França. Durante esse tempo, aprofundou-se nos estudos espíritas, praticou experiências, acompanhou os demais adeptos de Allan Kardec nas observações e investigações necessárias ao progresso da causa e ao bem de todos. Nunca mais, porém, viu ou pressentiu a presença do Espírito Nina. Tivera, no entanto, notícias, por meio do exercício mediúnico de um de seus companheiros de labores espíritas, de que aquele amado Espírito encontrava-se em estágio de aprendizagem na vida espiritual e não convinha perturbá-lo com chamamentos ao plano material, mas que o mesmo era um tanto impaciente e rebelde, precisava ainda de reencarnações futuras, a fim de se educar devidamente, equilibrando-se na boa marcha para Deus. Que seus débitos passados, desde a época medieval, eram graves e que de muitas forças morais carecia para repará-los todos. Que seus guias espirituais não aconselhavam uma reencarnação imediata, pois Nina necessitava instruir-se nos assuntos referentes à Lei de Deus e à lei da vida, reeducar-se, preparar-se para vencer a si mesma, visto que duros testemunhos deveria apresentar aos códigos divinos. Mas que ela amava a Terra e ansiava por uma encarnação que a fizesse olvidar o tenebroso passado que acabara de viver e sofrer. E que orassem por ela, pois era, realmente, necessitada.

No fim de um ano, retornou ele à Espanha e retomou os próprios afazeres. Agora, porém, melhor iluminado pelas instruções dos Espíritos que estabeleceram a Doutrina por intermédio de

Allan Kardec, soube desenvolver com mais segurança e eficiência os serviços da sua Associação Beneficente. Nunca mais hospedou necessitados em sua residência, mas doou à Associação um pequeno solar de sua propriedade, o qual foi transformado em abrigo para os desvalidos que, como Nina, não possuíssem proteção de quem quer que fosse. Entretanto, reparou o seu antigo palácio e o pôs em boas condições de ser habitado. Dedicou-se à música e às experiências espíritas, além dos serviços da sua Associação, ao passo que exercia a Medicina gratuitamente, apenas para os pobres.

Por esse tempo, D. Carlos havia criado um abrigo maternal para órfãos e D. Ramiro encontrou ali campo vasto para expandir os afetos do coração, que tumultuavam em seu ser. Tratar com crianças, ensiná-las a falar, guiar seus primeiros passos na vida, educá-las, alfabetizá-las, admirá-las era alegria sublime para o seu coração. D. Carlos havia adotado como filho um orfãozinho de 1 mês, cuja mãe era judia e cujo pai, fidalgo, a ambos abandonara na desonra e na miséria. A pobre jovem, porém, morrera no hospital e a criança ficaria ao mais completo abandono se o generoso coração desse médico fidalgo a não adotasse. Deu-lhe o seu próprio nome e o seu título de visconde, muito embora não possuísse haveres com que dotá-lo. O menino recebeu o nome de *Carlos*, como seu pai adotivo, e foi criado na residência da família, isto é, pela mãe e a irmã de D. Carlos, que viviam em Madri, com ele. Essa criança encheu também o coração de D. Ramiro, que se dedicou a ela com o entusiasmo de um segundo pai, comprometendo-se, junto ao amigo sem fortuna, a prover a sua educação. E, pela primeira vez, desde que se desfizera seu noivado com a bela Constância, D. Ramiro pensou em casar-se.

Mas casar-se como, se não havia perspectivas em sua vida para o importante evento?

Em Constância ele não mais pensou. Esquecera-a! No entanto, soubera, por amigos comuns, que a jovem condessa despedira

Sublimação

Rosária Maria e seu filho para Portugal, desgostosa com os desrespeitosos acontecimentos ocorridos entre estes e D. Ramiro, e não mais pensava em reavê-los para a sua casa, não obstante continuasse a prover de recursos aquela que a embalara nos braços. O moço filantropo, então, desejando casar-se, mas não possuindo noiva, prosseguiu na sua campanha benemerente, esperando que o futuro se pronunciasse a seu respeito. E seis anos passaram-se... D. Ramiro contava agora 34 anos, mas continuava solteiro...

Durante esse espaço de tempo, suas faculdades mediúnicas se haviam positivado e ele podia ver e conversar facilmente com os habitantes do mundo espiritual, quer por meio da escrita automática, quer pela audição e pela mente, como frequentemente sucede aos médiuns bastante desenvolvidos e responsáveis.

Por isso mesmo, uma noite em que relia suas obras espíritas prediletas, na tranquilidade do seu gabinete de trabalho, viu o Espírito Nina aproximar-se sutilmente, apoiando-se à sua escrivaninha. Compreendeu que ela continuava a respeitá-lo como antes, pois sua atitude discreta era a mesma do seu tempo de vida terrena. Sentindo as vibrações afetuosas que dela se irradiavam, saudou-a comovido:

— Deus te abençoe, minha querida filha espiritual! Desejas falar-me? És feliz? Sofres, porventura? Que poderei fazer por ti? Estou às tuas ordens... Fala! E te atenderei naquilo que Deus permitir!

Ela respondeu, falando a linguagem dos Espíritos para o seu médium:

— Desejo agradecer o que fizestes por mim... Não vos esqueci... e também dizer que vos amo profundamente. Sempre vos amei...

— Eu sei, querida Nina! Há muito tempo que eu sabia que me amavas assim, e te agradeço.

— Fui vossa irmã em mais de uma existência, quase uma filha. Nossas almas estão poderosamente ligadas por elos afetivos desde séculos... e essa certeza consola e rejubila minha pobre alma...

— Eu sabia também disso, minha querida, e alegria imensa penetrou também a minha alma...

— Não quero, não posso separar-me de vós... Quando me separo, como ainda ontem, torno-me desgraçada...

D. Ramiro tinha os olhos rasos de lágrimas, quando respondeu:

— É preciso ser forte, minha irmã, confiar em Deus para enfrentarmos e vencermos o martírio de uma separação pelo renascimento punitivo...

— ...E por isso venho pedir-vos um favor, já que também me amais...

— Pede-o, minha filha!

— Eu amo Constância também...

D. Ramiro sobressaltou-se penosamente, mas esperou.

— ...e estou igualmente ligada a ela pelos laços do passado... Ela vos ama desde séculos, sempre desejou ser vossa esposa, mas até hoje não conseguiu realizar esse caro sonho do seu coração...

O conde silenciou, meio constrangido, e Nina prosseguiu:

— Fui, involuntariamente, a causa de vossa atual desavença... mas desejaria, agora, reparar o mal-entendido entre ela e vós. Rogo-vos, meu amado irmão: escrevei a Constância, propondo-lhe reconciliação. Ela vos espera há muitos anos...

Sublimação

— Oh! Mas isso não será um tanto penoso para mim? Constância não é lembrada com saudade pelo meu coração...

— O convívio ressuscitará o amor, que está ofendido e adormentado, mas não esquecido... Casai-vos com ela! Eu tenho necessidade de retornar à Terra e quisera ser vossa filha, pois, no passado, tenho sido quase uma filha para vós... Só assim lograrei felicidade. Não sei ser sensata nem feliz apartada de vós...[65]

O coração de D. Ramiro vibrou de violenta emoção. As lágrimas correram livremente por suas faces e ele respondeu:

— Ó Nina, minha filha! Ter-te junto de mim, sem que ninguém me acuse por isso, apertar-te em meus braços como pai, pois sempre te quis paternalmente, ensinar-te a falar desde pequenina, guiar os teus primeiros passos, prover tudo o de que necessitares, para que nada te falte, compensar-te do martírio que padeceste ainda ontem, como Nina, dar-te um novo corpo para que progridas para Deus sob o meu cuidado, dar-te o meu nome, para que sejas respeitada como eu próprio o tenho sido... Oh, sim, minha amada! é o supremo desejo, a suprema felicidade do meu coração! Mas... dize, minha querida: resolves isso de ti mesma ou possuis o beneplácito das Leis de Deus para esse importante acontecimento?

— Meus bons conselheiros aprovaram essa minha petição, apelando, antes, para o Conselho Maior que os inspira. Disseram que será uma recompensa ao muito que padeci agora, com paciência e humildade, pois, vivendo como Nina Vidigal, nunca me revoltei ou me queixei. Será ensejo novo que a Lei de Deus me concederá para progredir, um prêmio, pois, se eu for obediente à direção moral que, como pai, me derdes, terei dado grande passo para a minha redenção espiritual...

---

[65] Nota da médium: Esses entendimentos entre Espíritos e indivíduos encarnados dão-se, de preferência, ou geralmente, no Além, durante o sono corporal dos últimos. Muito mais raro, porque difíceis, realizam-se mediunicamente. Não obstante, podem acontecer e têm acontecido.

D. Ramiro chorava, enquanto ela continuava:

— Eles disseram ainda que vós devereis usar de rigor e energia na minha educação, pois trago comigo inclinações bastardas de outros tempos, as quais terão de ser corrigidas. Preciso de disciplinas severas, a par do amor e da educação evangélica, para não sucumbir ao erro novamente...

— Como usarei de rigores contigo, minha filha, se és sofredora e eu desejo compensar-te do passado doloroso que acabas de viver?

— Sois crente sincero em Deus. Recebereis inspiração para esse serviço, que não será fácil. Os pais não devem ser demasiadamente complacentes com os desejos arbitrários dos filhos. Ademais, eu vos amo muito. Uma severidade vossa para comigo valerá por uma proteção, que eu receberei e agradecerei. Aceitais, senhor D. Ramiro?

— Como resistir a um acontecimento que seria para mim a maior felicidade de minha vida: ser teu pai?! Oh, sinto em meu coração que já o sou!

— Então, escrevei a Constância. Eu vos ajudarei...

Meio enleado por ter de escrever à antiga noiva, trêmulo, nervoso, julgando sonhar, mas, em verdade, sofrendo uma forte pressão mental de Nina — um transe mediúnico, por assim dizer —, D. Ramiro escreveu a seguinte carta:

"Minha querida Constância,

É tempo, segundo creio, de desfazermos o teu mal-entendido a meu respeito, que se alonga por sete anos! Peço-te que me autorizes a visitar-te, a fim de refazermos o nosso compromisso e tratar do futuro. Espero a tua resposta.

Teu Ramiro."

Sublimação

Uma vez escrita a carta, o moço filantropo não mais sentiu a presença do Espírito que tão significativamente o acionava. Guardou a carta em uma gaveta de sua secretária e procurou não mais pensar nela. O suor inundava-lhe a fronte e ele tremia de emoção. Compreendeu que acabara de experimentar um transe pronunciado, positivo. Orou a Deus, rogou por Nina e por si mesmo. O santo sentimento do amor espiritual, sem limites, inundava-lhe o ser, quase fazendo-o sofrer, pois, no estado de encarnação, a verdade é que o Espírito não tem forças para suportar esse sentimento sublime e se exalta, e sofre.

Retirou-se do gabinete, abriu as janelas da sua sala predileta, para que as brisas da noite o reanimassem, e tentou dedilhar ao piano uma das suas peças preferidas, mas não pôde. Sentia-se demasiadamente emocionado para traduzir com acerto o pensamento musical daqueles mestres da boa música, e passou a noite insone, sentindo, por vezes, os olhos umedecidos de lágrimas.

O fato de escrever tão humildemente a Constância, que o ferira tanto, contrariava-o. Que diria ela? E se ela o repelisse? Quem sabe se Nina, que não era entidade bastante evoluída, se enganara, e Constância, realmente, não mais o aceitaria?

Voltou ao gabinete, pensando em corrigir certas expressões da carta, como, por exemplo: *Minha querida Constância* e *Teu Ramiro*. Todavia, sentiu-se desencorajado de alterar o pensamento fornecido por um ser de Além-túmulo.

No dia seguinte, já no hospital, procurou Carlos e narrou o acontecimento. O amigo ficou pensativo, raciocinou e respondeu:

— Não duvido desse interessante fenômeno, pois a intervenção dos Espíritos desencarnados em nossa vida diária está positivamente demonstrada e é maior do que supomos. Considero, mesmo, consoladora e belíssima a comunicação de Nina, e muito lógica: tens todas as condições para te tornares seu pai. É uma revelação para nós, que iniciamos a caminhada nos assuntos transcendentais... Além de tudo, tu desejas, com efeito, contrair matrimônio. Por que não escolher Constância para esposa, se sabemos que ela te ama e tem permanecido fiel ao teu amor esperando-te, solteira, por tanto tempo? Sou de opinião que envies a carta. E se Nina, realmente, voltar à Terra como tua filha e dela... Louvado seja Deus! que nos permitiu contemplar essa maravilha do Céu! Um conselho, porém, atrevo-me a dar-te: jamais reveles a Constância esse acontecimento. Ela não se acha preparada para suportá-lo...

D. Ramiro meditou ainda alguns dias. Pesou as circunstâncias, refletiu nas conveniências e inconveniências do matrimônio com a antiga noiva, rogou a inspiração do Alto, compreendeu que o assunto seria da decisão do seu livre-arbítrio, e não imposição de um ser espiritual e, finalmente, passou a carta para o seu papel timbrado, assumiu a responsabilidade do ato que praticava e enviou a missiva a Constância por um correio especial, acompanhada de um braçado de rosas.

A jovem condessa recebeu e leu aquela carta com as faces inundadas de lágrimas e o coração palpitante de alegria. Ela amava, realmente, o antigo noivo e muito se arrependera da incompreensão que para com ele tivera. À tarde, respondeu à carta por intermédio de sua dama de companhia, agradecendo as rosas e convidando o conde a jantar com ela no dia seguinte. Entenderam-se facilmente e o velho idílio foi renovado porventura com maior fervor.

Dois meses depois, D. Ramiro de Montalban casava-se com ela sob as bênçãos e as alegrias da família e dos amigos, e, depois de certa permanência na formosa quinta que Constância possuía nos arredores de Lisboa, regressaram a Madri, passando a residir no velho e sugestivo Palácio de Montalban, nosso conhecido.

Sublimação

Alguns meses depois, a bela Constância de Vilares, agora senhora de Montalban, dava à luz uma linda menina, que encheu de alegrias o coração dos pais, fortalecendo para sempre os elos de amor que desde épocas seculares ligavam aqueles dois corações. D. Ramiro chorou ao apertar nos braços aquele entezinho frágil, concedido por Deus à sua proteção paternal, e, entre beijos e carícias àquela filha querida, cujo Espírito ele bem sabia quem era, orou mentalmente:

> *Meu Deus, Senhor e Pai! Prometo fazer o máximo de esforços para encaminhar esta alma bem-amada ao teu Reino de luz. Hei de amá-la como há milênios a tenho amado, Senhor, e, com a minha proteção e a tua misericórdia, quero recompensá-la do muito que sofreu e chorou sob minhas vistas, ainda ontem, sem que eu pudesse socorrê-la. Ajuda-me, Senhor, a educá-la, enobrecendo-a para o reinado do teu amor!*

D. Ramiro de Montalban foi pai devotado e fiel, cumpriu a palavra empenhada com o Criador supremo e ainda hoje, mais de um século após aquele dia auspicioso, guia os passos da filha na sua ascensão espiritual para Deus.

Quanto a Constância, que um dia negou a própria mão para que a bailarina Nina Vidigal a beijasse respeitosamente, e que não consentiu em sentar-se à mesa em que a mesma infeliz Nina fora convidada a sentar-se... teve de embalá-la nos braços como filha e alimentá-la com o próprio sangue do seu seio.

Assim é a reencarnação, leitor, ensejo bendito previsto na Lei de Deus para os trabalhos de reconciliação, progresso e aperfeiçoamento do Espírito!

* * *

> *Ó, espíritas! compreendei o grande papel da humanidade; compreendei que, quando produzis um corpo, a alma que*

nele encarna vem do Espaço para progredir; inteirai-vos dos vossos deveres e ponde todo o vosso amor em aproximar de Deus essa alma; tal a missão que vos está confiada e cuja recompensa recebereis, se fielmente a cumprirdes.

SANTO AGOSTINHO[66]

---

[66] KARDEC, Allan. *O evangelho segundo o espiritismo*, cap. XIV, it. 9.

Referências

KARDEC, Allan. *O evangelho segundo o espiritismo*. Tradução de Evandro Noleto Bezerra. Rio de Janeiro: Feb, 2010.

_____. *O livro dos espíritos*. Tradução de Evandro Noleto Bezerra. Rio de Janeiro: Feb, 2011.

O EVANGELHO NO LAR

Quando o ensinamento do Mestre vibra entre quatro paredes de um templo doméstico, os pequeninos sacrifícios tecem a felicidade comum.[1]

Quando entendemos a importância do estudo do Evangelho de Jesus, como diretriz ao aprimoramento moral, compreendemos que o primeiro local para esse estudo e vivência de seus ensinos é o próprio lar.

É no reduto doméstico, assim como fazia Jesus, no lar que o acolhia, a casa de Pedro, que as primeiras lições do Evangelho devem ser lidas, sentidas e vivenciadas.

O espírita compreende que sua missão no mundo principia no reduto doméstico, em sua casa, por meio do estudo do Evangelho de Jesus no Lar.

Então, como fazer?

Converse com todos que residem com você sobre a importância desse estudo, para que, em família, possam compreender melhor os ensinamentos cristãos, a partir de um momento de união fraterna, que se desenvolverá de maneira harmônica e respeitosa. Explique que as reflexões conjuntas acerca do Evangelho permitirão manter o ambiente da casa espiritualmente saneado, por meio de sentimentos e pensamentos elevados, favorecendo a presença e a influência de Mensageiros do Bem; explique, também, que esse momento facilitará, em sua residência, a recepção do amparo espiritual, já que auxilia na manutenção de elevado padrão vibratório no ambiente e em cada um que ali vive.

Convide sua família, quem mora com você, para participar. Se mora sozinho, defina para você esse momento precioso de estudo e reflexões. Lembre-se de que, espiritualmente, sempre estamos acompanhados.

Escolha, na semana, um dia e horário em que todos possam estar presentes.

O tempo médio para a realização do Evangelho no Lar costuma ser de trinta minutos.

---

[1] XAVIER, Francisco Cândido. *Luz no lar*. Por Espíritos diversos. 12. ed. 7. imp. Brasília: FEB, 2018. Cap. 1.

As crianças são bem-vindas e, se houver visitantes em casa, eles também podem ser convidados a participar. Se não forem espíritas, apenas explique a eles a finalidade e importância daquele momento.

O seguinte roteiro pode ser utilizado como sugestão:

1. Preparação: leitura de mensagem breve, sem comentários;
2. Início: prece simples e espontânea;
3. Leitura: *O evangelho segundo o espiritismo* (um ou dois itens, por estudo, desde o prefácio);
4. Comentários: breves, com a participação dos presentes, evidenciando o ensino moral aplicado às situações do dia a dia;
5. Vibrações: pela fraternidade, paz e pelo equilíbrio entre os povos; pelos governantes; pela vivência do Evangelho de Jesus em todos os lares; pelo próprio lar...
6. Pedidos: por amigos, parentes, pessoas que estão necessitando de ajuda...
7. Encerramento: prece simples, sincera, agradecendo a Deus, a Jesus, aos amigos espirituais.

As seguintes obras podem ser utilizadas nesse momento tão especial:

- *O evangelho segundo o espiritismo*, como obra básica;
- *Caminho, verdade e vida*; *Pão nosso*; *Vinha de luz*; *Fonte viva*; *Agenda cristã*.

Esse momento no lar não se trata de reunião mediúnica e, portanto, qualquer ideia advinda pela via da intuição deve permanecer como comentário geral, a ser dito de maneira simples, no momento oportuno.

No estudo do Evangelho de Jesus no Lar, a fé e a perseverança são diretrizes ao aprimoramento moral de todos os envolvidos.

LITERATURA ESPÍRITA

EM QUALQUER PARTE DO MUNDO, é comum encontrar pessoas que se interessem por assuntos como imortalidade, comunicação com Espíritos, vida após a morte e reencarnação. A crescente popularidade desses temas pode ser avaliada com o sucesso de vários filmes, seriados, novelas e peças teatrais que incluem em seus roteiros conceitos ligados à Espiritualidade e à alma.

Cada vez mais, a imprensa evidencia a literatura espírita, cujas obras impressionam até mesmo grandes veículos de comunicação devido ao seu grande número de vendas. O principal motivo pela busca dos filmes e livros do gênero é simples: o Espiritismo consegue responder, de forma clara, perguntas que pairam sobre a Humanidade desde o princípio dos tempos. Quem somos nós? De onde viemos? Para onde vamos?

A literatura espírita apresenta argumentos fundamentados na razão, que acabam atraindo leitores de todas as idades. Os textos são trabalhados com afinco, apresentam boas histórias e informações coerentes, pois se baseiam em fatos reais.

Os ensinamentos espíritas trazem a mensagem consoladora de que existe vida após a morte, e essa é uma das melhores notícias que podemos receber quando temos entes queridos que já não habitam mais a Terra. As conquistas e os aprendizados adquiridos em vida sempre farão parte do nosso futuro e prosseguirão de forma ininterrupta por toda a jornada pessoal de cada um.

Divulgar o Espiritismo por meio da literatura é a principal missão da FEB, que, há mais de cem anos, seleciona conteúdos doutrinários de qualidade para espalhar a palavra e o ideal do Cristo por todo o mundo, rumo ao caminho da felicidade e plenitude.

Edições
SUBLIMAÇÃO

EDIÇÃO	IMPRESSÃO	ANO	TIRAGEM	FORMATO
1	1	1974	2.100	13x18
2	1	1978	10.000	13x18
3	1	1982	10.000	13x18
4	1	1986	10.000	13x18
5	1	1988	10.000	13x18
6	1	1990	15.000	13x18
7	1	1994	14.000	13x18
8	1	2013	2.000	16x23
8	2	2017	1.500	16x23
8	3	2018	1.000	16x23
8	IPT*	2022	300	15,5x23
8	IPT	2023	200	15,5x23
8	IPT	2024	350	15,5x23
8	IPT	2025	300	15,5x23
8	IPT	2025	300	15,5x23

*Impressão pequenas tiragens

EDIÇÃO	IMPRESSÃO	ANO	TIRAGEM	FORMATO
1	1	2003	2.000	14x21
2	1	2005	1.000	14x21
3	1	2006	1.000	14x21
3	2	2008	2.000	14x21
3	3	2011	2.000	14x21

FEB editora
Livro espírita para um novo mundo
www.febeditora.com.br
@febeditoraoficial
@febeditora

Conselho Editorial:
Carlos Roberto Campetti
Cirne Ferreira de Araújo
Evandro Noleto Bezerra
Geraldo Campetti Sobrinho – Coord. Editorial
Jorge Godinho Barreto Nery – Presidente
Maria de Lourdes Pereira de Oliveira
Miriam Lúcia Herrera Masotti Dusi

Produção Editorial:
Elizabete de Jesus Moreira

Revisão:
Elizabete de Jesus Moreira
Neryanne Paiva

Capa e Projeto Gráfico:
Ingrid Saori Furuta

Diagramação:
Rones José Silvano de Lima – instagram.com/bookebooks_designer

Foto de Capa:
www.shutterstock.com/pic-65745052

Normalização Técnica:
Biblioteca de Obras Raras e Documentos Patrimoniais do Livro

Esta edição foi impressa no sistema de Impressão pequenas tiragens, em formato fechado de 155x230 mm e com mancha de 116,4x179,9 mm. Os papéis utilizados foram o Off white 80 g/m² para o miolo e o Cartão 250 g/m² para a capa. O texto principal foi composto em fonte Minion Pro 11,5/15,2 e os títulos em Filosofia Grand Caps 24/25. Impresso no Brasil. *Presita en Brazilo.*